Seicos

男を買ってみた。

～癒やしのメソッド～

鈴木セイ子

駒草出版

序章

知っておいて損はないと思います

イケメン揃いは嘘か本当か

レンタル彼氏、女性専用性感マッサージ、出張ホスト……ネット検索すると、女性をターゲットにした様々な性的サービスが出てきます。

私が約1年半前に「レンタル彼氏」とネット検索した時は、3件ほどしか出てこなかった記憶がありますが、今や何ページかにわたるコンテンツ数に膨れ上がっています。2019年はまさにその過渡期にあると言えるでしょう。

人知れず、こっそり利用する女性がそれだけ増えたということです。

つい最近では、ある深夜テレビ番組で「近年、女性の性風俗が人気」と特集した際、その放送直後に、番組内で紹介された性風俗店のサイトのサーバーがパンク、電話も殺到しパンク状態だったというのです。

まだまだ男性向けサービスほど多様化しているわけではありませんが、それでも従来の感覚からすれば出てくる出てくるたくさんのサイト！

サイトを開いて〝彼氏〟（←こうした女性向けサービスに従事する男性たちは〝彼氏〟と呼ばれています）の顔を見れば、嘘か本当か、誰もがジャニーズ系や俳優、タレント並みの美男子ばかりで、20代のキラキライケメンから40歳くらいまでのしっくりイケメンまで勢揃いしています。

「プロを使うようになったらもう人生終わる気がする……」

正直、私も以前まではそう思っていました。

しかし今回、私自らいくつかのコンテンツを利用してみましたが、ある意味期待を裏切るほど、皆さんイケメンばかりでした。しかも優しい！　秋の空に似た〝女心〟をよく研究され、お勉強しているプロたちでした。

彼らのホスピタリティに触れ、これは女性たちが前向きに生きていくための一つのコンテンツになる、いやすでになっているのではないかと感じるようになりました。

〝男を買う〟のは〝トキメく自分を買う〟ということ

「はじめは怖かったよ。はじめてのことだし、一人でラブホテルにチェックインして、フロントの人に『後でもう一人来ます』と伝言することすら恥ずかしかった。フロントの人からどう思われるだろ……。そんな羞恥心がはじめは大きかった」

そう打ち明けてくれたのは、性感サービスを時々利用していたという私の友人です。続けて出た言葉が、

「でもね、すごく面白かったの！」でした。

「やっぱりこういったサービスは利用しない方がいい」という答えをどこかで期待していた私に対し、彼女はとても明るく前向きでした。

しかも、勉強になることがたくさんあったと言います。

「彼らのアフターメールがすごいの！　例えば、今日のあの瞬間がすごく可愛かったとか、食事のあれが美味しかったとか、すごく具体的でツボを突いてくる。そうするとまた会いたくなっちゃうんだよね。キャバクラのホステスからのメールに喜ぶおじさんの気持ちが分かった気がするわ（苦笑）。ほんと、勉強になることが多いのよ。しかも働いてる男の子たち、苦労してきてる子が多いから、人の気持ちとか、心の傷をよく理解できるんだと思う」

もともと、元カレと嫌な別れ方をして傷心したことがきっかけで利用してみたと話していたけれど、今や彼女は新しい恋へステップを踏み、幸せに過ごしています。

彼女は、〝彼氏〟たちの優しさで、痛んだ心を癒やし、前向きさを取り戻し、また

前進しはじめた一人なのです。

私自身、今回経験してみて、〝彼氏〟たちと会う前からのドキドキやワクワク、心配や不安といった感情の波、つまりは、「トキメく自分を買う」ということなんだと感じました。

非現実的な男性からの過剰な優しさや心配りに触れて正直に嬉しかったですし、心の中で何度も「キャーー♡」と叫びました。

洋服をどうしようとか化粧をどうしようなど、マンネリ化した生活ではすっかり失っていた感覚も思い出せました。

それと同時に、洋服をどうしようとか化粧をどうしようといったことって、単に見られる意識だけではなく、相手への気配りでもあるということに気づかされました。

若い男性の隣を、おばさん丸出しの普段着で歩いては申し訳ありませんし、こういったことって忘れてはいけないことだなと、日々を反省しました。

そして私も友人と同じように、その行き届いたサービスや一生懸命な彼らの姿を見て、〝元気〟をもらいました。

女にとっての〝必要経費〟

私には結婚して14年連れ添う夫がいますが、不思議と夫に対する罪悪感も一切ありませんでした。「自分のお金」で「その瞬間だけ」の割り切った関係だからこそかもしれません。

とにかく、トキメキのないモノトーンの人生に少し色を差すだけで、目の前がパァッと明るくなるものですし、メンタルが花咲くと顔色も表情もよくなり、エステ以上の効果を得られたようでした（笑）。

男にとって風俗が〝必要経費〟であるならば、女にとってもやはり〝必要経費〟です。

ともあれ、怪しげな笑みのセールスマンから、「ココロのスキマ、お埋めします」という名刺を差し出されそうなことではありますが、果たして心底隙間が埋まることはないとか、解決にはならないことなんて、利用する女性たちが一番よく分かっていることです。

でもそれは、買い物をしてストレスを発散するとか、美味しいものを食べて満たされるとか、お酒を飲んでその瞬間忘れられるといったように、日常的に誰もがしていることとなんら変わりはなく、そう考えると、こういったことだけが特別なことでもないように思います。

むしろ人肌で癒やされるのならば、酒や買い物より何倍も満たされるのではないかとすら感じました。

サービスの利用をオススメする本ではありません

「こういったのは、何か嫌なことがあった時や、何か辛《つら》いことがあった時に利用するものなんですよ」

今回お話をうかがった、ある〝彼氏〟のこの一言がとても印象的でした。

人間は生きている限り、職場や家庭、友人関係の中で生じるストレスが必ず付いて回ります。そのストレスで爆発してしまいそうな時は誰にだってあるでしょう。

誰からも愛されていない、私を理解してくれる人なんていない、そう孤独にさいなまれることもあるでしょう。

ストレスとは、ほとんどの場合が対人により起こるものです。
ストレスの原因が人ならば、癒やせるのもまた人ではないでしょうか。

第1章では、「女性専門の生活カウンセラー」として17年従事する私の元に日々寄せられる、各年代の女性たちの〝性のお悩み〟を具体的にご紹介します。

第2章では、私自らが、女性専用性感マッサージ、レンタル彼氏、ホストクラブといった女性向け性サービスに潜入し、「男を買ってみた」体験レポートになっていきます。世の中の迷える女性たちへ〝ひと肌脱いで〟献身的に尽くしてくれる各コンテンツの〝彼氏〟たちの存在、そのサービス内容や金額的なこと、その他のリスク面など気になるところを、自らの体験を通して具体的に紹介していきます。

第3章では、こうした女性向け性サービス産業に従事する〝彼氏〟たちにインタビューし、彼らの本音を聞いてきました。

そして第4章では、こうした女性向け性サービスが密かに拡大する社会的背景に迫っています。

果たしてこういった内容の本は、世の中から「負の巣窟」のような扱いになることが多いけれど、〝どの物差しで測るか〟ということでしかありません。

言うまでもなく、サービスの利用をオススメするといった趣旨ではありません。利用するかしないかはご本人次第です。

ただし、知っておいて損はないと思うのです。

利用するしないは別として、そういう世界があるんだと知ることが、いつかあなたの心を支える一助になるかもしれないのですから。

目次

第2章　いざ！――67

第4章「らしさ」からの卒業

第1章
いろんなお家の枕事情

私は「女性専門」の生活カウンセラー

申し遅れてすみません。私は普段、10代から70代までの幅広い年代の女性たちから、日常生活に関する様々なご相談をお受けする生活カウンセラーをしている40オンナでございます。

この仕事を始めた17年前は、うつ症状やパニック障害など、メンタル的なカウンセリング内容が多かったのですが、近年はそれだけにはとどまらず、ダイエットや美容などの身体的なことから、ご病気をされて社会復帰するまでの生活プランニング、親からの暴力や性暴力などでのトラウマケア、不妊治療中の夫婦関係の修復の相談など多岐に及びます。

言ってみれば、「誰に相談してよいか分からないことの相談」を受けるのです。

普段寄せられる多種多様なご相談の中でも、ここ数年とりわけ増加傾向に感じるのが、「女性の〝性〟」に関しての内容です。

ひと昔前の性に関する内容だと、

「旦那が浮気をしているかもしれない。どうしたらまた振り向かせることができるのか」

「セックスレスの夫婦関係を修復するにはどうしたらよいか」

というような、どちらかといえば女性が男性に寄り添うようなパートナーとの関係修復のお悩みが多かったのですが、ここ数年では、

「性交痛があってセックスが楽しくない」

「男性がそのモードになると怖く感じる」

「オーガズムを経験したことがないのは自分のカラダがおかしいのか」

「30歳なのにまだ経験したことがない」

などといった、「セックスを主観的にとらえて、かつその性生活のクオリティを求める」ような内容が多く寄せられるのです。

もちろん、こういったお悩みは昔もあったのでしょうけれど、近年では、女性たちがはっきりと口に出して言えるようになってきたのです。

この現象はある種、〝女が男に遠慮して生きる時代が終わったサイン〟なのではないかと感じています。

セックスレス・ジャパン

正確な調査データは見つかりませんが、少なくとも私が普段関わる30代後半から50代の日本人女性の7割はセックスレスという状況です。

特に結婚をして長い関係の夫婦や、子育て中の夫婦のほとんどがそうです。かく言う私も他人事ではありません（苦笑）。

アラサー以降の既婚の方々からは、このようなお話が多く寄せられます。

「子どもを産んでから、夫が近づいてくるだけで生理的に無理になってしまった。でも子どものためにも離婚はしたくないし、悪い人ではないから……。どうしてあんなに生理的にダメになるものなのでしょうか」

一つは、子どもを産むとホルモンのバランスが変わり、子どもを守ろうと、近づく者を敵視してしまう体質になるということもありますし、夫婦で長い時間を共有すると、トキメキや性欲、オーガズムなどに関係してくるオキシトシンという幸せホルモンの分泌が鈍くなり、夫にはオキシトシンが反応しなくなってしまって欲情しなくなるということもあるようです。

またはセックスしても濡れない、イケなくなったなどで、夫とセックスするのが億劫になってしまうというような、一種の体質の変化がきっかけになることは多いように感じます。


それから、優しいご主人ほど案外デリケートで、

「一度妻から断られた時に傷ついてしまい、また断られるのが怖くて誘えなくなった」

「〝子育てで疲れているの〟と言われるともう誘えないし、すごく気を使う。テレビでのラブシーンも気まずくてチャンネルを変えてしまう」

という男性も多いのです。ほとんどの既婚者が一度は悩むスポットです。

もちろんそうではなく、いつまでもお盛んなご夫婦も知人におりますが、やはりそういったカップルは珍しく、内輪から「神」と呼ばれているほどです（笑）。


私自身も他人事ではなく、結婚して間もなくセックスレスになってしまったので、

〝結婚がゴール〟だったのかもしれません。何が理由だったのかはとっくに忘れてしまいましたが、ダメになってしまったのは私の方でした。

若い頃は悩んだりもして、お互いに話し合ったりもしましたが、かといってセックスレス以外のことに関しては何も問題はなく、差し迫って環境を変える方が面倒に感じてしまい、離婚するまでには踏み込めませんでした。

夫は私に不満があるかもしれませんが、私自身は、優しくおとなしい夫に不満はありません。掃除もしてくれるし、「キレイ好きな親友」と同棲していると思えば何ら悩むこともなくなります。

なぜなら、「絶対的な味方という信頼関係の絆は強い」とお互いに実感しているからです。

ただ、やはりセックスにおいては話が別なのも本音です。こればかりは自分ひとりでどうにかなる問題ではありませんから。

配偶者は奴隷ではありません

「夫とは無理だけど、相手が替われば性欲がないわけではない」

私と同じような状況下の女性がよく口にする言葉です。

私も本心では共感するところ。もちろん、女性だけでなく、ご主人も逆の立場で同じように感じている方はいらっしゃるでしょう。

しかし、例えば、身近な知人の男性と性行為をすれば、法律的に〝不貞行為〟となります。更には、「悪いことをしている」という罪悪感を抱えるようになり、結果ストレスにもなります。

リスクを抱えてまで飛び込んでみたい、と思える相手に出会えればある意味幸せかもしれませんが、なかなかそうはいかないものです。


「夫とセックスは無理なのに、浮気されるのは許せない」

とても難儀な問題です。

法律上、倫理上、道徳上、浮気や不倫はいけないことですが、しかし配偶者は奴隷ではありません。

様々な夫婦関係がありますし、ＤＶなどの特別な事情がないかぎり、

「私はあなたが気持ち悪いのでセックスはしないし、私に触らないでください。そ

して、他の女と寝たら許しません。もう死ぬまで一生童貞でいてください。私も死ぬまで処女でいますから」

ということでお互いに納得するというのは、やや無理があるように感じます。欧米人ならきっと憤慨してしまうでしょう。

ここで、お互いにきちんと将来の関係性を見据えて離婚して再スタートを切るなり、関係を取り戻すように歩み寄ったり、きちんとコミュニケーションを取ればよいのですが、経済的な事情や、精神的な事情で、これがなかなか難しい。

結果、なんとなく「お互いに避けたい話題」になってしまうのです。

「肉体的快楽欲求」と「精神的快楽欲求」

ある日、定期的に会っては仕事内容やら異性関係やら公私ともに近況報告をし合う仲の二人の女友達と、三人で飲んでいた時のことです。

その二人は見た目も可愛く美人で、40代という実年齢からマイナス10歳の見た目年齢、誰がどう見てもモテ系キャリアウーマンなのですが、彼女たちの口から「レンタル彼氏」「女版風俗」という言葉が出た時は、私にとってものすごい衝撃でした。

はっきり言って男には全く不自由しないようなタイプの女性たちです。それでも興味があって日夜ネットサーフィンしているのだと。

「えぇぇぇーー！　必要ないでしょ二人は！」と私が叫ぶと、

「いやいや、子育てして家庭に縛られていると、旦那は置いといて、仕事と子どもの往復しかなくなるでしょ。もちろん、子どもは可愛いし、子どもといるだけでもキュンキュンして楽しぃんだけど、ふとした時に、『あぁこのまま女としては終わるんだな』と急に不安というか、寂しくなるというか、そういう気持ちになることがあるんだよ」

と口を揃えていました。

欲求がある限り、人間はそれを解消できないとストレスがたまるものです。

〝人間の三大欲求〟は一般的に、「食欲」「睡眠欲」「性欲」と言われます。

性欲は〝生命の根源〟と言っていいほど大切な欲求の一つです。

性欲と一言で言っても、それには大きく二種類あります。

まず一つは、「肉体的快楽欲求」です。

こちらは、「セックスをしたい。肉体を解放したい」と願うタイプで、体温やぬくもりを〝肌の触感〟でキャッチし、愛情を満たすタイプです。

もう一つは、「セックスはしなくてもいいから添い寝をしてほしい。ドキドキするような壁ドンとか、優しいセリフを言いながら頭を撫でてくれたり、トキメかせてほしい」というメンタリティを満たしたい「精神的快楽欲求」のタイプです。

私の女友達二人は、まさにこの「肉体派」「メンタル派」のそれぞれのタイプでした。

「肉体派」の友人は出産後、旦那さんとはすでに〝無理〟な関係が数年続いており、でも相手が替われればしたい！　という欲求不満が一時期やばすぎて、男友達に、

「セフレになってくれない？」

と、どストレートに訴えたというカッコイイエピソードの持ち主です。

突然そんなことを言われたら男性だって戸惑いますよね（笑）。

結局〝コト〟はなく、そこで彼女がネットで調べたのは「男娼」の存在だといいます。利用はまだだと言うけれど、その日は近いかもしれません。

そして、もう一方の「メンタル派」の友人は、私とすっかり同じような状況で、結婚当初からセックスレスでしたが、しかしどうしても子どもが欲しいと願い、アロマを焚いてみたり照明を工夫してみたりと、あの手この手と環境を変えて悩み試してみた結果、「やっぱりセックスがどうしてもできない」という結論に至り、通常なら不妊治療で行う人工授精へスキップし、子を授かって出産したというナイスファイトな女性です。

その彼女、ある日男性とお酒の席でかなりいい雰囲気になり、そのままホテルへ流れてしまったのですが、ホテルの玄関にインして、男性がそのまま建物内に入っていったのを見送って、「あ、やっぱり無理」と思い、一人こっそりアウトしたという面白エピソードをもっています。

「恋はしたいと思う。でも子どもがまだ小さいから、浮気は〝子どもへの〟罪悪感がある」

と言っていました。

彼女は友人の中でも一番のイケメン好きなのですが、罪悪感にさいなまれるのは嫌なので、「裸になるのではなく、イケメンにただドキドキしたい！」ということで、ネット検索したのが「バーチャル恋愛（恋愛ゲーム）アプリ」と「レンタル彼氏」だと言うのです。

私は二人の話を聞きながら、「私だったら両方満たされたいな」と思ってしまいましたが、同じセックスレス三人組といえど、心の向かう先はそれぞれ。

同じような悩みを抱えている、同じような環境でいる人の存在を知ると、勇気をもらえるのも女性ならではの結束力。なるべくならもちたくない悩みだけれど、これも現実として受け止めていかなければならないのです。

「女性向け性的サービス」の色々を知る

この本の企画の話が上がり、女性の反応を知りたくて、ある日また別の女友達との食事の席で、

「実はさ、今度女性向けの性サービスの本を書くことになりそうなんだ。私は今年、男を買うぞ！」

と、内心ドン引きされることを覚悟して宣言してみたのです。

正面に座っていた友達は一瞬ハッとした顔をして、口の中の物を急いでゴクンと飲み込み、深妙な面持ちで私の顔を見上げるようにニョ～ンと顔を近づけて、

「あのさ、こんなの一生誰にも話すことなんてないと思ってたけどさ……実は……私利用してるんだよね。……しかも、けっこう使ってる」

と超小さい声で告白。

「えぇーーーー‼」

しっとりしたレストランで、私は超低音のおじさんみたいな太い声を出してしまいました。

こんな身近にいるもんなの⁉　てことはみんな秘密にしてるだけで、結構な率で利用してるのかも。

友人の告白に一気に興味津々となった私は、根掘り葉掘り詳しく話を聞くことに。

私　「具体的にどんな感じなの？　店に行くわけではないよね？」

友人　「やだよ店なんて！　誰かに見られたりしたら超ハズイじゃん！　呼ぶんだよ」

私「呼ぶってホテルとか？　そもそもなんでこのサービス知ったの？」

友人「レストランで食事してからとかもあるし、はじめての時はホテルに直接来てもらったよ。私さ、例の彼と別れてよっぽど落ち込んだんだよね。その前も色々あって傷心が続いてた時にたまたまネットで見つけたの」

私「性風俗ってレンタル彼氏とは違うよね？　性的なことするんだよね？　そもそもなんて検索すれば出てくるの？」

友人「〝女性専用性感マッサージ〟で検索すると出てくるよ。メインは性感マッサージね。普通のアロママッサージとかもするし、マッサージそのもののプロも多くてマッサージ上手だよ。で、その延長で色々……。人によっては〝本番〟もあるみたい。でも本番行為は禁止されてるからね」

私「要は〝前戯サービス〟でイカせてくれるサービスってことだよね。それで本番なしって我慢できるのかな（苦笑）。とはいえ、はじめ怖くなかった？」

友人「そりゃはじめは超怖かったよ！　サイトにぼかし入ってて顔がちゃんと出てるわけじゃないし、めちゃブ男だったらどうしようとか、ホテル前で待ち合わせしたんだけど怖い人出てきたらどうしようとか、はじめての時は超不安でドキドキしたよ。でもさ、全然平気だったし、話してみるとみんな素直で頑張ってるイケメンの男の子たちばっかりよ。しかも〝ちゃんと上手〟だし（笑）。まぁ彼らが話す苦労とか素直さとかは、ああいった仕事だから本当か嘘かは分からないけどね（苦笑）」

私
「だよね〜。はじめての時なんてビビっちゃうよね。でもホスピタリティのあるサービスでトラブルもなくてよかったね。なんかありがとう！　背中を押してもらった感じだよ」

友人
「こんな話、誰かに話すことがあるなんて思ってもみなかったよ。墓場に持ってく話だと思ってたから話せてスッキリした。ありがとう」

友人に教えてもらってから「女性専用性風俗」をネット検索してみると、全て無店舗の出張型。まさにインターネットの普及によって生まれたサービスなのです。

「女が男を買う」というと、ギラギラゴールドとダイヤモンドを指という指に全部はめ、バーキンをもったセレブ夫人が「若い燕《つばめ》」なんて言ってるイメージをもってしまいがちですが、もうそんな時代ではないのです。

利用者の半数は20〜30代

女性専用性感マッサージを利用した女性たちのネットの書き込みや、お客様コメントが掲載される掲示板があるのですが、それを眺めていて一番驚いたのが、20代女性の性風俗の利用が非常に多いことでした。

〈男性の前で裸になるのははじめてでした。緊張しましたが、今回お願いしてとてもよかったと思っています。はじめは怖かったけど、優しくしてくれて指を入れられてもあまり痛みも感じなかったし、途中からは緊張もなくなり、気持ちよくて感動しました！　20代○○〉

〈一生処女で死ぬのかと思うと不安でしたが、勇気を出してお願いしてよかったです！　25歳○○〉

〈過去に一度だけ付き合っていた男の人がいたのですが、それから男性不信でした。今回勇気を出してお願いしたところ、○○さんは背中を撫でてくれながら隣で真剣に色々話を聞いてくれて、優しくしてくれてとてもスッキリできました。

ありがとうございました。またリピートします。また会って色々話聞いてください　28歳〇〇〉

実際にお店の方に聞いてみたのですが、やはり半数は20代、30代の利用とのこと。私のような中年おばさんが「若いエキス」を欲してなんてイメージしていましたが、40代以降の中年女性半数、20代から30代女性が半数といった具合だそうです。

バージンで悩む女性たち

私のクライアントである20代後半の女性は、「どうやったら彼氏できるんですか？」と言います。彼女は容姿端麗でアイドル並みの顔立ちです。

「え～？　そんな可愛い顔、どこのどの男が放っておくのよ」と言っても、「告白なんてされたことないし、同級生の可愛い女の子も、付き合う時はみんな女の子から告白するんです。でも私、自分から告白できなくて……」と。

30歳間近なのにバージンで悩んでいる方は大勢います。

「バージンで何が悪いんだ！」と慰めることは簡単ですが、もし自分自身が今の年齢までバージンだったら……と想像すると、そう簡単に一喝なんてできません。彼女たちからしたら、とても切実です。

女性向け性感サービスのネットの書き込みで、20歳になったばかりの女子大生はこう書いていました。

〈大学で女友達と性サービスの話題って結構出るんです。もちろんレンタル彼氏なんかも。友達には言えてないけど、実は私まだ経験がなくて、バイト代が出た時に思い切って利用してみました。とはいえ、はじめは怖くて超警戒してたので、口コミとか、〝彼氏〟のブログとかを超見まくって、一番優しそうな年上の方にお願いしました。

はじめどうしていいかわからなくて、ただ、「男性の裸を見てみたいです」と言って、目の前で脱いでもらって、その後、私が緊張していたのをほぐすかのように、〝彼氏〟が色々質問してくれたり、私が話しやすい環境をつくってくれたのはよかったです。

それから、「もし君が将来彼氏ができて、セックスするシーンがあった時は、女性だからってただ黙って受け入れるだけでなくて、きちんと、やられたくないことや、こうありたいっていうことを話した方がいいよ」と、アドバイスをいただきました。男性にも慣れておきたかったし、具体的なアドバイスもいただけて、とてもためになったし、一歩踏み出せそうな気持になりました。〉

成人した女の子が、「男というものを知ってみたい」と思うのはごく自然のことですし、20～30代の男女を比較すると、男性が女性にやや消極的な印象があります。女性ホルモンのピークは28歳、カラダが子どもをつくろうと性的欲求が強くなる時期とも言えますので、そういった若い層に性感サービスが人気だということはある意味納得してしまいました。

国の機関である国立社会保障・人口問題研究所が発表した２０１５年の「性経験のない未婚者の割合」調査によると、25～29歳の独身男性の31・７パーセント、25～29歳の独身女性の32・６%がセックス未経験だといいます。昭和世代の方なら、とっくに二人くらい子どもを産んでいた年齢です。

「未経験」というコンプレックスをもつ女子大生が、40代後半の私の友人に「セックスを教えてください」と言ってきたなんて話も、一つ二つではありません。

世の中に無知な人は、「若いんだからそんなの利用してはダメ！」なんて簡単に言うかもしれませんが、そんなに単純な問題ではないのです。

「甘えていい場所が欲しい」30代

30代に差しかかると、結婚している女性なら家事育児に追われ、育児ノイローゼ症状が出たり、仕事においてもある程度のポジションになり、後輩育成と上司や先輩との板挟み状態。

真面目な性格の人ほど押しつぶされそうになり、パニック障害やうつ病、逆にヒステリーといった症状が多く見られるのも30代の特徴です。

カウンセリングの中で私は「社会の成長痛」と表現することが多いのですが、ひどい場合には、睡眠障害や摂食障害になり社会復帰が難しくなるケースもこの世代に多いのです。

最近では、こういった精神疾患に対して世の中がオープンになってきましたし、会社でもストレスチェックが定期的に行われるようになってきましたので、症状がひどくなる前に私のようなカウンセリングへ足を運ぶなり、エステ・マッサージに行くなりする方が増えてきた印象があります。

あるバリキャリのアラサー女性がこんな話をしていました。

「仕事でのポジションは嬉しいけど、時々押しつぶされそうになるんです。結局ストレスって対人がほとんどで、部下へのコミュニケーションは特に最近パワハラとか思われないようにすごく気を使うし、上司は男性なんだけど全然使えないし、結局仕事量が増えるばっかり。仕事が忙しすぎて、恋愛している時間もないほどです。だから結婚はあきらめてます。

30歳になりたての頃はみんな結婚していくし焦っちゃったこともあったけど、結婚して今のポジションを失いたくないっていう気持ちと、家庭をもったら家での仕事が結局増えてしまうんじゃないかとか色々考えちゃって、婚活サイトに登録してたこともありましたけど、結局すぐ解約しちゃいました。

でも、正直、この鎧《よろい》を脱げる場所が欲しいです。甘えられる場所がないとホント、私壊れてしまうんじゃないかって、怖くて震える時があるんです。会社では男勝りだからみんなに弱いなんて思われてないけど、それが逆にしんどくなるんです。甘えていい場所が欲しい」と。

肉体的な快楽よりも、社会の中で揉《も》みくちゃにされる日々から一瞬でも息を抜きたい、鎧を脱ぎたい、「自分が自分らしくいられる場所」を求めているという印象をもちました。子育て奮闘中の女性も同じ気持ちかもしれません。

「もう勃たない」と宣告された妻

私のクライアントである40代後半の奥さまは、週末は夫婦でゴルフへ行ったり、ショッピングを楽しんだり、雰囲気のあるレストランで食事したり――誰もが羨《うらや》む仲良し夫婦です。

しかし、ある日突然、ご主人が「俺もう無理だから。もう〝ない〟から」と奥さまに発したというのです。

このことを、奥さまは笑いながら話していましたが、明らかにその目は悲しそうでした。

「どうしてそんなこと急に話したんでしょうね。何か普段からプレッシャーに感じるような、気にかかることがあったんですかね。『挿入しなくたって肌のコミュニケーションはとれるから大丈夫よ』、なんてお返事はしなかったんですか？」

と尋ねてみましたが、

「いや〜もう突然言われたから絶句よ。子どもたちも成人したし、これからが夫婦の時間なんだけどね。まぁでも仲は良いし、私は私で趣味を楽しめばいいし……。でもねぇ……やっぱり女として否定された感じよね。そもそもそんなにしてもいなかったけど、ああやって言葉で面と向かって言われちゃうと、やっぱりショックよね。なんだか私、急に〝おじさん〟になってしまうんじゃないかと、思わずホストのサイトとかマッチングサイトとか開いちゃったわよ。すぐに閉じたけど、そういったのを利用する方たちの気持ちが少し分かった気がするわ」と。

「先走らずに、仲がよいならせめて手を繋いだり、腕を組んだりしながらデートはできますね。見つめ合ったり、肌のスキンシップは長生きの秘訣でもありますから、そういうお二人の時間は大切にした方がいいですね」

とお返事しましたが、ご主人からの「男終了告白」を、「女終了宣告」されたと感じる女性は、少なからずいらっしゃるでしょうね。

孤独から解放された主婦

「主婦」というと、社会進出している女性から「自立していない女」といった冷たい視線を感じている主婦の方が意外に多いようです。

確かに、家の仕事は分かりやすく評価されることもなく、社会からも孤立した感覚で、孤独を生きる主婦の方は少なくない。そんな女性から相談を受ける時に、「主婦業を給料換算すると、月50万円ですよ」とお話しするのですが、そうすると「夫と同じくらいの稼ぎになる！」と皆さん目を丸くします。

掃除、洗濯、朝晩の料理に買い物、子どもの学業イベントや送り迎え……やることがいっぱいで、あっという間に一日が過ぎてしまいます。稼働時間を考えれば、家業をしっかりこなす主婦でしたら相当な仕事量です。

しかし、SNSなどを見ればキャリア自慢の投稿や、リア充女子の投稿を目にして劣等感。「主婦なんてよくできるわね」なんて社会進出している女性からのマウントや、不妊で子どもがいない女性でかつ主婦だとなおさら、子どもがいる女性からのマウントも加わり、激しい孤独を抱える方は少なくありません。

私のクライアントで40代後半の主婦の方はこんな悩みを打ち明けてくれました。

「今、子どもの相談も、私自信の相談も夫が聞いてくれない環境で、気が狂いそうになる時があります。私はいったい何なんだろうって。どんなに綺麗に部屋を掃除しても、手の込んだ料理をつくっても、誰かが褒めてくれるわけでもないです。仕事したいなと思っても、子どもの塾や習い事の送り迎えもあるし、夫はいつも帰りが遅いので、子どもが中学生くらいにならないと無理だなと思うんです。

夫婦の会話もほとんどないんです。土日は夫が休みなので、家族で出かけるようにしているのですが、ほとんど夫婦の会話はない。辛《かろ》うじて子どもを介して話すくらいです。子どもの進学のこととか、学校行事のことも話をしたいのに、『うんうん。いいよ決めて』って全部私に丸投げ。『私の子どもだけど、あなたの子どもでもあるのよ?』と言っても、『じゃあどうする?』ってもう、うんざりします。

普段の会話もないのにセックスなんてもうする気にもなれませんよ。一応同じ部屋には寝ていますけど、夫は横になってすぐいびきをかいて寝てしまうし、私はそんな夫にいつも背中を向けて距離を置いて寝ています。そもそも夫は、もう私を女として見てないと思います。ダイエットして痩《や》せたって気がついてくれないし、部屋の模様替えしても気がつかない。私どころか、もう家庭そのものに興味がないんだと思いますよ。

唯一子どもとの時間が取り柄ですけど、子どもは反抗期が始まってきて、家庭に味方が誰もいないような感じです。両親も遠くに住んでいて逃げ場所もないし、両親二人とも歳をとってきて、いつどうなるかなんて分からない。不安しかないです。

ママ友にこんな話なんてできないし、学生の頃の友人とも時々ＬＩＮＥをやり取りするくらいでお互い忙しくてなかなか会えないし……。時々意味も分からず涙が出てくるんです。ストレスなんだと思います。世の中からの疎外感とか、家族がいるのに孤独って変ですよね。私はもうこのまま孤独に歳をとって、女もやめて死んでいくのだろうかと不安で不安で仕方がなくなるんです」

この奥さまはそんな折、あるニュースサイトで〝女性のための性サービス〟が存在することを知ったと言います。

「正直に言って、人生、主婦としてもそうですけど、女としても『もう一度花開きたい』『もう誰でもいいから助けてください！』みたいな気持ちでした。このサイトを知ってから正直すぐに興味が湧きました。でも50歳手前の私なんて相手にされるのだろうか、とか、悪いことなんじゃないかとか、サービスを利用するまで半年ほど随分悩みましたが、思い切って利用してよかったです。なんだかいろんなことが開き直れるようになったというか。

とにかく私の話を聞いてくれる人がいる、しかも優しく対応してくれる。〝相手にしてもらってる〟っていう実感があって、『あぁ、私ちゃんと生きている。この世に存在している』って、大げさかもしれませんが、本当にそう感じたんです。

今は2か月に一度の楽しみにしています。主婦の予算で出せるギリギリです。でも、あまりたくさん利用できる環境じゃないから逆にちょうどいいのかなとも思います。ブレーキになりますしね（苦笑）。嫌なことがあっても、以前みたいに真っ暗な孤独を感じて涙することが随分なくなりました」

こうした女性向け性的サービスの口コミ掲示板を見ると、自分と同じように悩んでいる女性の書き込みがあって、「あぁ～、私だけじゃないんだ」と救われたと言います。

40代、後半の人生をいかに謳歌していくか

女子会をすればアメリカドラマの『Hung（ハング）』（一人の男性教師が離婚と自宅の火事をきっかけに資金ショートになり、唯一の取り柄である巨根を武器に男娼になる）の話や、レンタル彼氏、男娼の話……中年女の会話はとどまることを知りません。

特に40歳を過ぎると、包み隠さず遠回りせずにストレートにすぐぶっちゃけ話が始まるのです。

思春期のウブだった頃に比べ、今更隠してどうのということもなくなるのが40歳から。私自身を振り返っても、つまるところ、人生折り返し地点において、「後半の人生をいかに謳歌していくか、豊かに生きていくか」がテーマになっていくのだと感じています。

ある程度人生経験を積んだ多くの女性が、この世の中への疑問に立ち止まるのかもしれません。

例えば、「女が〝性〟について話をするのは下品だ」と言いながら、「お子さんはま

だなの?」と平気で聞いてくるのはいったい何なのか。

男同士なら風俗に行く話なんて平気でできるのに、女はなぜタブーなのか。

女だってそうなっていっていいはずなのに、なぜか本音を隠して生きていかなければならない世の中に違和感を覚えるし、自分の人生なのになぜコソコソと生きていかなければいけないのか……と。

「本能的な性欲」は〝オス〟のものだけではありません。〝メス〟が種を残そうと子を産むようにカラダができている以上、〝性〟は女性のものでもあるのです。

世界共通ではないセックス

ここで一旦話を変えて、世界のセックス事情を見てみましょう。

もともと〝性〟とは、世界的に非常に抑圧されてきた歴史があります。

中世ヨーロッパにおいて、厳格なクリスチャンは、セックスをしていいとされる日は週に2日だけ。曜日も決められていましたし、子孫繁栄以外の目的でするのも禁止、一日2回以上禁止、楽しむことも禁止、精液が漏れずに全部体内に確実に残ると提唱される正常位以外は禁止、フェラチオやクンニは重罪、同性愛は死罪というとんでもない時代もあったほどです。

最近では、東南アジアのブルネイにおいて、不倫や同性と性行為をした者に対し、石を投げつけて死刑などを科す石打ち刑が適用されることが決まり（2019年4月）、国際問題となったニュースが記憶に新しいです。

イスラム圏の国の多くでは現代においてもなお、女性は結婚まで処女でいることが条件とされており、どうしてもそれを守れなかった女性は（全員ではないでしょうけれども）、両親にも友人にも秘密に、こっそりと病院で処女膜の回復手術を受けるのだそうです。

イスラムの女性たちのあの衣装からも分かるように、カラダのラインすら配偶者になる人以外には分からないようにしています。

こういった国では、選ぶ権利があるのはいつでも男性。男性は浮気をしても刑に処されることはなく、男性が離婚をしたいと思えば女性の意向に関係なくいつでもできるといった感じです。

アフリカのいくつかの種族では、「女のアソコには悪魔が宿る」とされ、その村に生まれた女の子は、4歳頃に女性器の入口にある小陰唇やクリトリスを切り落とされるという痛ましい儀式（女子割礼《かつれい》）が、いまだになされています。

これは、女性が快楽に溺れないようにするためだとか、男が快楽に走るのは女性器のせいだといった考えから「悪魔が宿る」とされていると話す学者もいます。


〝性愛〟と言えばインド聖典『カーマ・スートラ（愛の教え）』が有名ですが、インドでは人身売買や強姦などの性暴力が絶えず、国際問題化していて、歴史ある世界最古の〝性愛の教え〟『カーマ・スートラ』が、あろうことか〝本家〟のヒンディー語での出版が禁止されているのです。現在では、英語、スペイン語、日本語訳で出版されています。

『カーマ・スートラ』の内容は、女性のための手練手管や生活所作、性愛法まで幅広く記載されています。例えば、

「男性は好きな女性を自宅に招き入れる時は、もう一人男の友人と笑顔で迎え入れなければならない。そして、愛する女性には常に楽しい話をしなければならない」

といった細かなことから、相手に嫌われないためのセックスの方法や体位の組み方

など、「性愛とは」という〝愛の教え〟がびっしりと記載されています。

言ってみれば世界最古の〝愛の哲学〟が存在しているにもかかわらず、それを見直すのではなく、性暴力を助長させると危惧され禁止になるなんて、なんとも寂しい現実です。

今や国際社会に参入しているインドですが、やはり男尊女卑社会が現在でも続いており、優秀な女性ですら職がなく、社会進出する女性はまだまだ少数派で、性愛を女性が語ってはいけないという風潮は根強いです。

その昔は、旦那さんに先立たれると、女性は火の中に飛び込み後を追ったという、想像するだけでぞっとするような時代もあったほどです。

イザナギとイザナミの話

一方、日本のセックスの歴史を見てみましょう。

さて、この日本で一番最初にセックスをしたとされるのは、いったい誰だかご存じですか？

それは、日本神話に出てくる、日本という国を産んだ男神「イザナギ」と女神「イザナミ」です。

この男神と女神は、互いに別方向から大きな柱をぐるっと回り、出会ったところで声をかけ合い、女神は「私には足りないところが一か所あります」と言い、男神は「私には余っているところが一か所あるので、これで女神の足りない箇所をふさいで国を生もう」となったのです。

しかもこの際の体位がいわゆる「立ちバック」だったとまであります。

この柱での出会いのシーンでは、はじめ女神から声をかけたせいで良い国が生まれなかったとされ、その生んだ国を海へ流し、もう一度やり直して今度は男神から声をかけ、今の日本が生まれたとあります。

日本神話のすごいところは、神々のセックスについての記述がはっきりとなされていることです。

キリスト教では、天使ガブリエル（キリスト教の影響を大きく受けているイスラム教では、開祖ムハンマドがこの天使から啓示を受けたとされている）がマリアに降臨し、受胎告知によって処女のマリアがキリストを身ごもったとされていますし、イスラム教でももちろんセックスに関する記載など存在するわけもなくご法度（ただ一説には歴史上削除されたとする見解もあるようですが)。

世界的に見ても、神話の世界でセックスはタブー視されていることが多いのです。そんな国際的常識を超越した日本の神話は、規格外ですごいなと感心します。

女性の性が豊かな時代は平和な証拠

日本人女性の性に関して言えば、やはり江戸時代に大ブレークした吉原をはじめとする遊郭《ゆうかく》、そして「春画」は無視できません。

春画は、300年以上経った現代でもなお、日本人はもちろん、世界中の人々を魅了している素晴らしい芸術文化です。浅草の書店には花魁《おいらん》コーナーや春画コーナーが特設され、外国人観光客に大人気なのだそうです。

江戸時代は実に270年も平和が続いた時代で、これもまた世界的に見てもとても珍しいことです。

江戸時代は遊郭が盛んで、当時のキャリアウーマンである花魁遊女が大活躍だったし、江戸時代の女性のステータスと言えば、「あそこんちの(男の)子は私が男にしてやったのさ!」と、チェリーボーイから〝男〟に育てた近所の中年女たちの自慢話

（当時の若い男性は童貞を卒業するために、近所の夫を亡くした女性や中年の独身女性のもとへ夜這いに行き勉強させてもらっていました）、そして菱川師宣《ひしかわもろのぶ》ら絵師たちがこぞって春画を制作し大ブレークした時代。戦国時代のストレス生活を巻き返すかのように、日本は華やかでおおらかな時代へと突入していったのでした。

男性も女性もとかく性にはオープンで、上野の不忍池の周りは「愛の密会場所」として茶屋ばかりだったといいます。

男たちが戦争に駆り出されれば、一線で戦う男たちが称賛され、世の中の流れは男性優位になります。そうすると女はいつもひっそりと男を支え従うという構図になってしまいます。

つまり逆の見方をすると、どの時代も、どの国も、「女性が元気で活躍できる」というのは平和である証拠とも言えるのです。

日本人の〝前戯〟はクレイジー⁉

私は一人旅が趣味で、半年に一度ぐらいのペースで、世界の様々な国々に出かけています。繁華街をプラプラと歩いては、ポン引き（路上などで性風俗店へ勧誘する人）の男の子や娼婦の女の子と興味本位で話をすることがあるのですが（危険が伴うこともあるので絶対にマネしないでくださいね）、キューバへ行った際、あるポン引きの男の子と仲良くなり、22時にホテルの前で待ち合わせをして、首都ハバナの夜の世界を連れまわしてもらいました。

彼ら夜の住人は、やたらと「CUBA LIBRE!! CUBA LIBRE!!（クーバ・リブレ＝キューバは自由！）」と騒ぐので、「あぁ、よほどキューバ解放革命を起こしたチェ・ゲバラやカストロをリスペクトしているんだな」と勝手に思っていたのでしたが、実はそれだけではなく、「おい、キューバにはマフィアがいないんだぜ！」といろんなポン引きの男の子が話していたのでした。

私から見れば、「あんたらどっからどう見てもギャングスターでマフィアだよ」と思いましたが、いわゆる裏の世界を牛耳る組織が存在しないらしく、夜の世界のみんなが明るく自由で、ポン引きも、娼婦も、男娼も、誰かに強いられることなく、したいように仕事をしていると言うのです。

ゆえにサルサバーや、普通のバー、どこにでも娼婦の女の子たちが立ちんぼしているし、かといって、深夜に街を歩いていても危険な香りが一切しないという、どこの国でも味わったことのない、ある意味不思議な治安の良い国でした。

そんなある夜、サルサバーの帰りの深夜に（サルサバーのメインタイムは深夜0時から！）ホテルに向かって歩いていると、24歳の若い娼婦の女の子に「ねぇ、タバコ持ってない？」と声をかけられ、そこからすっかり朝方まで話し込んでしまった時のことです。

「観光で来た外国の男の人たちってみんなキューバで〝遊んで〟いくもんなの？」

と聞くと、

「日本人の女のことは知らないけど、クバーナ（キューバの女性）は最高よ。だって、〝コレ〟（片手を口元に持っていき動かしフェラチオをする仕草をしながら）をしてあげるのよ。スペシャルでしょ。キューバは自由だから、ハバナに来た男はみんな私たちクバーナに夢中になるのよ。CUBA LIBRE!!」

と両手を空に差し出し誇らしげに話していました。

私はその〝コレ〟がスペシャルだという話にやや違和感を覚え、

「え？　〝コレ〟（同じように仕草をまねて）って普通じゃないの？　男も女の舐めるし。シックスナインとかあるじゃん」

と話すと、くるんとこちらを振り向き、大きな目を更に大きくして私の顔面をまじまじと見て、「LOCA!!（クレイジー）」と言い放って大声で笑うのでした。

まぁでもよく考えてみれば、キューバもカトリック系の方が多い国なので、前述したようにこうした宗教観が根付いた国ではそうか、と納得でした。

「そこまで行ってUターンするなよ」

私自身の経験ですが、遠い過去にクリスチャンのヨーロッパ人の男性と二人ほどお付き合いしたことがあるのですが、二人とも前戯が「あれ？」といった印象でした（苦笑）。

具体的な話をしてしまうと、手で〝チャチャチャッ〟と触るだけでクンニがないんです。クバーナの娼婦が誇りに思っている〝アレ〟もなしです。

もちろん、愛のささやきとキスからの流れで首や背中、胸などへの愛撫はありますが、その先には行かない。戻ってきては、また愛のささやきとキスからのルーティンで、デジャブ状態。

「そこまで行ってUターンするなよ」と思った記憶があります。

あまりにも日本人男性とのギャップを感じてしまったので、一度だけ「どうしてしないの？」と聞いてみたところ、「君はそういう趣味なのかい？」と逆に質問され、カルチャーショックを受けたものでした。

海外の映画やドラマでのステレオタイプで、「外国人」というだけで憧れる日本人女性は多いと思いますが、過大な期待は注意です。

経験上、セックスに関して言えば、日本人男性の方がいいなと思いました。

〝個人〟の満足度より〝社会〟を重視する日本人

また、外国人の友人らと〝夫とのセックスレス問題〟について話をしていると、

「なぜ離婚しないいんだ!?」

「セックスのない結婚なんてナンセンスだ！　そもそも日本人は結婚する際に、月の夫婦関係の最低限の回数を取り決めないのか!?」

なんてことを言われることもあります。

日本における離婚率は35パーセントと言われており、昔よりは高くなりましたが、世界的に見ればまだまだ低い方です。

そんなことを言われ、はじめは「さすが外国人」なんて思っていましたが、よくよく考えてみると、確かに「なぜ離婚しないんだろう」と不思議です。

だってその先の人生の方が長いかもしれないし、その先の方が人生明るいかもしれないのに、なかなかそこに飛び込まない。

飛び込めたとしても、その決断に至るまでには「子どもが大きくなってから」などの理由で何年もの月日がかかっているのが現状です。

「単なる独占欲」という方もいらっしゃるかもしれませんが、私たち日本人は、「機能性」を重視しているからではないでしょうか。

心理学を学んできた立場からすると、ある意味〝日本人らしい〟という気もします。

なぜなら、日本人はもう何百年も前から、かやぶき屋根の集落では、集落の全員の家を集落のみんなでつくる文化がありますし、長屋（昔の集合住宅）では、台所、洗濯場、子育ても協力しながら常に地域と生活をシェアして合理的かつ効率的に、「機能性」を重視してきた民族です。

ですので、〝私〟という〝個人〟の満足度よりも、組織である家族全体、ひいては

〝集落全体〟の満足度で見るのです。

私の満足度は50パーセント、夫も50パーセントと多少我慢することがあっても、「子どものため」「生活のため」と、家族全体で100パーセントを目指すような感覚なのだと感じます。

更には、「善い行いをしなさい」というキリスト教文化ではなく、「悪いことをしてはいけない」という仏教文化が日本人の精神の根底にありますが、このアクセルとブレーキの違いは大きいように感じます。

そうなると、うまく循環、機能している環境をわざわざ壊す必要がないと思うのが自然ですし、みんな少しずつ我慢して生活するようになります。

家族に求められない部分は外で発散する――ということになるのかもしれません。

セックスレスなのにセックスコンテンツは世界一

色々な国の友達に、「日本の中で、アニメとか相撲とか寿司とか以外で、何かイメージもっているものってある？」なんて質問をすると、

「日本ではキャバクラとかクラブとかガールズバーとか、違いがよく分からないけど、細かくサービスが分かれていて、接待で連れて行かれた時はとても驚いて、面白かった。他にも、アダルトメディアのコンテンツも充実してるし、ゲイタウンやセックスタウンもあって、しかもニュアンスによってコンテンツが分かれているのはすごいよね！」とか、

「日本はすごいよ。普通どの国もこんなにたくさんコンテンツないよ！　はじめ日本に来た時に種類がたくさんあって驚いたよ。アダルトビデオに出てくる電車シリーズとかの、周りで囲む役のエキストラとかやってみたいって思う外国人、ぜったい多いよ！」

なんて言われることが多々あります。

中国人の知人に、「日本人はＡＶ女優は最高なのに、なんでそんなに英語力がないんだ？」と言われた時は比較がおかしいだろ、と思った記憶があります（笑）。

お隣中国では、最近までモーテルは夫婦の証明ができるＩＤがなければ利用できなかったそうです。一人っ子政策という背景もあるかもしれませんが、中国ではアダルトコンテンツの制作販売は法律で厳しく規制されているので、日本のアダルトコンテ

ンツがとても人気なのだそうです。

日本に住んでいると、それが日常の風景になってしまってそのすごさの実感はないですし、誇るべきことなのかどうかも分かりませんが、とにかく外国人からはかなり人気なようです。

まさに世界に冠たる日本のコンテンツがこの「アダルト」の世界です。

言い換えれば、日本は性に対して最もオープンで貪欲な国民性なのではないでしょうか。


その一方で、カップルでありながらセックスレスという状況も非常に多いのが日本の特徴です。

セックスレスなのにセックスコンテンツは世界一。むしろセックスレスだからこそ、セックスコンテンツが発展していったのかもしれませんが。

いずれの状況も、海の外から見てみると、それはそれは不思議な国なのです。

〝前戯〟をしない男たち

さて、世界のセックス事情をざっくり知っていただいたところで、お悩み相談の話に戻したいと思います。

先に「日本人の〝前戯〟はクレイジー!?」と書きましたが、残念ながらそうではない日本人男性も多いのが現実のようです。

「私、最近一回り年下の彼ができたんですけど、ナニがすごく大きくて、すごく性交痛があるんです」

こう話すのは40代のAさん。はじめはノロケ話なのかと思いましたが、こう続きます。

「本人、よほど自信があるのか、こちらが受け入れる準備ができる前に挿入してくるからすごく辛いんです。かといって、『前戯ってこうするんだよ』とか、『濡れる前から無理やり入れられたら痛い』とか言ったら、彼を傷つけるんじゃないかと思うと、なかなか言い出せないんです。彼若いし、AVとかでしか勉強してないと思うんですよね。自信なくさないように、傷つけないようにうまく伝えられたらいいんですが……」と。

同じく40代の奥さまは、夫からの言葉の暴力で離婚を考えるようになった時、マッチングサイトで知り合った男性とお付き合いをする中で、意外な発見があったと言います。

「夫からは『ババァ』呼ばわりされたり、私から誘うようなことがあれば『はしたない』『なんなんだその下着は（セクシーなランジェリーに文句をつける）』、そんな言葉の暴力が何度もあり、とても傷つき自尊心を奪われるようで苦しくなり、離婚を考えるようになりました。その頃、同じような境遇の、今の彼と出会いました。

私、若くして交際経験もあまりない中で結婚しちゃったから、男性というものをよく知りませんでしたが、今の彼と出会ってサプライズがたくさんあったんです。セックスってこんなに楽しいものなのか！　こんなに気持ちのいいものなのか！　って。〝普通〟がどうかってよく分からなかったですが、今の彼と知り合っていかに夫がダメなのかがよく分かりました。

だって、前戯がなかったんですよ、一度も。服も脱がないし脱がせない。スカートをはいてると、立った状態から腰を折らせてバック状態で、スカートをめくりあげて、はいてるパンティを横にずらしてただ入れるだけ。夫もズボンとパンツを少しおろしてアソコ出してるだけ。肌の触れあいなんて、したことなかったんです。今思うと、そんなのじゃ私自身濡れるわけなんてないし、気持ちよくもない。

　でもその頃はほとんど夫しか知らなかったから、私が濡れにくいんだ、不感症なのかも？　と自分のせいだと思っていましたが、今の彼とのセックスでは全然そんなことないんですよ。嫌っていうほど濡れるし、イケるんです」

　実は私のところへ来る方の、男女のコミュニケーションに関する悩みの中で、あまりに多い相談なのです。もちろん、クリスチャンではない日本人男性がお相手の方です。

　自然界では、フェロモンに狂ったように舐め回すクンニを、サイや鹿など、人間以外の哺乳動物ですらするというのに、あろうことかなぜ人間がここを端折《はしょ》るのか……！

　過去に〝クリスチャン体験〟をした私自身、この相談にはやや熱が入ってしまいます。

〝前戯〟は心もカラダも解きほぐす

実際、女子だけで、「どんなセックスが好みか」なんて話をしていると、話題のほとんどが前戯についてです。

「頭を撫でながらこんなことを言ってくれる人がいい。いきなり入れようとする人は論外だよね」

「クンニがうまい人がいい」

「尾てい骨に響く低くていい声の人に愛をささやかれると濡れる」

……パートナーがよほどの〝ピーナッツ〟で悩んでいるという方以外は、男のイチモツについての話題は特に強調されないのです。なんなら、「遅漏より早漏の方がありがたい」という声も多いほど。

性サービスの口コミを見ていても、

〈○○さんは、ホテルにいる間ずっと私のオッパイをくわえてた。最高でした！〉

〈指テクすごい〉

〈舐め方やばい〉

〈○○さんのセクシーな目でずっと見つめられて、言葉攻めがやばすぎました。カラダ触られる前に脳イキしてしまいました！　○○さんの胸板に住民票を移したい！笑〉


など、ほとんどがその前戯を絶賛する内容。

つまり、女はセックスというものの大半を、挿入時間より、〝パートナーに愛されている、大切にされている〟と実感する「前戯タイム」と認識しており、女性にとって前戯は、心もカラダも解きほぐすのにとても重要なものなのです。

さて、皆さんからのお声を聞いたところで、次の章ではいよいよ、女性たちのこういった日常の不満やうっぷんを癒やしてくれる〝彼氏〟たちの具体的なサービスを紹介していきたいと思います。

第2章
いざ！

女性向け性的サービスご利用の注意点

この章では、私自身の潜入レポートにより、各サービスの違いや具体的にどんなことをしてもらえるのか、費用やリスクなどを赤裸々に書いてみたいと思います。

……と、その前に心得を。

言うまでもありませんが、彼らはお仕事です。

〝彼氏〟たちとの時間は、その瞬間に解放される、いわばご褒美のようなものですから、根本的に〝心の隙間〟が埋まるわけではありません。

対価を支払ってお相手いただいている相手に心底ハマってしまっては、逆に心の傷が深くなる場合もありますので、なにごともほどほどという「癒やし」の範囲での利用をオススメします。

それから、個人的な感想ですが、やはり〝大手〟の方が安心感があります。

個人経営のところは、風俗営業届《とどけ》出《で》店であるかどうかも不明ですし、〝彼氏〟たちへのサービス指導や管理などが整っているかも不明です。

実際、〝嫌な思いをさせられた〟という口コミも目にしましたので、利用の際にはよく吟味していただき、自己責任にて楽しんでいただきたいと思います。

そして、男性の読者さんへの心得としては、こういったサービスで詐欺被害に遭うのは、女性客よりも〝彼氏〟となる男性の方ですので、くれぐれもご注意を。

個人経営のいわゆる〝後ろ盾〟がなく運営されているところは、〝絶対に本番行為は行わないこと〟と強く指導しているそうです。

そもそも本番行為に至った際は、売春防止法による法律違反になるだけでなく、女性客を装ったライバル会社の刺客ということもなきにしもあらずで、コワイ人が出てくることもあるのだといいます。

世の中的に明るいイメージでうたっていても、やはり裏稼業なのには変わりありません。「セックスしてちゃらっと稼げるよ！」のフレーズにはぜひ気をつけていただきたいです。


と、前置きはこれぐらいにして。

ここからは実録の潜入レポートゆえ、丁寧語はやめて書き進めますのであしからずご了承ください。では、いざ！

1【女性専用性感マッサージ】

・**検索の仕方**……「女性専用性感マッサージ」

・**利用できる人**……女性限定。または男女のカップル。

・**相場と費用**……120分1万5000円〜2万円＋セラピスト指名料＋ホテル代。

・**サービス内容**……アロマオイル、ベビーパウダーなどを使用したボディトリートメント並びに、ハンド、大人のおもちゃを使用した性感マッサージ。SMなどの特殊サービスは予約の際に相談可。

どのサイト（お店）を選んだらいいか

「女性専用性感マッサージ」と検索すると、数百名のセラピストを抱え全国展開している〝大手〟から、エリア限定で15名ほどずつセラピストを抱える中小店、更にはあきらかに個人で運営している店まで実に様々なサイトが出てくる。

「怖い人が出てきたらどうしよう」とか、「騙されて、恐ろしい思いをしたらどうしよう」といった不安は、事前に利用経験者の友達から確証を得ていたので特になかったけど、運営サイトも様々なので、いらぬトラブルを避けるためにも、私がサイト選びで気をつけた点は以下。

①セラピストの在籍数が多そう。
②サイトのつくり込みがしっかりしている（＝きちんとお金がかけられている）。
③運営ポリシーが記載されている。
④説明が丁寧。
⑤利用女性たちの口コミ数が多い。

⑥風俗営業届出店である（ホームページ内に「新風営法届出済優良店」や「無店舗型性風俗特殊営業届出済」などの記載がある）。

特に私が重視したのは、やはりコメント欄。口コミ数はこのようなサイトでもやっぱり役に立つ。

逆に、いかにもサクラ的な口コミや、口コミ数の少ないところは避けた。

セラピスト一覧を見てみる

いくつかのサイトを見ていると、性感サービスにおける〝彼氏〟は、「セラピスト」と呼ばれているようだ。その半数が20代。その他30代、40代前半のセラピストで構成されている。

食事などのデートと性感サービスがセットのコースや、ホテルや自宅への出張での施術コースなどが主なメニューにあり、お試し90分コースから8時間お泊まりコースまで、それ以上の場合は1時間ごとの延長料金が加算される。

お店によりけりだけれど、「ダブルセラピスト」や「カップル対応」なども目に飛び込んでくる。

セラピストの一覧を見ていると、顔にはぼかしが入っているが、なんとなく輪郭や体型で雰囲気は伝わってくる。

プロフィールには身長や体重、マッチョ系やスリム系といった体型、芸能人で言えば誰に似ているかなど、丁寧に紹介文がつくられている。

あるサイトには、セラピストのジャンルで、塩系フェイスの細マッチョとか、ソース系顔のホスト系、しょうゆ顔のスリム系……そこまではなんとなく分かるけれど、マヨネーズ顔、ケチャップ顔、更には砂糖顔と、全くもって意味が分からなすぎて笑えてくるカテゴリーまでも。無理やり調味料に当てはめなくても……と、心の中でツッコんだ。

その他、セラピスト自身が日常をつづるブログや、女性客からの口コミもとても丁寧に書き込みされており、サイト自体のクオリティも高い。

サービスを利用しないにしても、サイトを見ているだけでも面白い。「自分がもし利用したら……」と思うだけでもドキドキした。

いかにも、「男なんて買うものよ！」くらいに、やや強気になって思い切らないと、はじめは踏み込めない大きな壁の〝予約ポチ〟だと感じた。

セラピスト選び

何はともあれ、まずはセラピスト選びだ。

見ていて目移りするほどの〝雰囲気イケメン〟が多い（顔はぼかしが入っているので、全身写真の感じや、髪型などから推測）。

まずは消去法で、年齢を見ていった。

私の場合、「男は35歳から」と昔からなぜか思い込んでいる節があるので、20代は消去。更に、せっかくなら自分より年齢の若い男性ということで、30代に絞った。

セラピストたちのブログやあいさつ文を読んでいると、ほとんどのセラピストが本業は別にあり、空いた時間に副業として行っているようで、多くのセラピストは平日の夜または土日祝日に「予約可」とある。逆に、セラピスト一本、またはAV業界での掛け持ちというセラピストはそのように自己紹介されており、案内可能なスケジュールを見ても、平日の昼間に「予約可」とある（ちなみに、副業セラピストへ後日取材をさせていただいた際、本業の名刺を渡された時にはその社名に結構な衝撃を受けた)。

どのプロフィール写真を見ても、ビシッと決めたホスト風のスーツ姿から、カジュアル、フォーマル姿などハンサム系が目立つ。

さて、どうするか。

私はスレンダー系よりマッチョ系の方が好みなので、そこからまた〝細マッチョ系〟を消去していった。

残り3名のセラピストに絞られたところで、本人たちのブログの口調や、実際に利用したお客様からの口コミを読むことにした。


〈先日、はじめてお願いしましたが、本当に誠実で真面目で、○○さんにお願いして本当によかったと思っています。特に全身リップには興奮しました。〉

〈○○さんの顔立ちが美しすぎて、見ているだけで超ドキドキしました! 神様はこんなにも美しい芸術作品を生みだしていたなんて! 指テクもすごくて何回もイッてしまい、施術後には立てなくなりました苦笑。〉

〈何度も優しく抱きしめてくれて、本当に優しい方なんだなと感動しました。ま

た会いたいです。〉
〈○○さんと過ごす時間は、本当にいつも幸せで大切な時間です。どんなに疲れていてもあっという間に癒やされて疲れが飛びます。〉
〈私のような太ったおばさんに、若い方が相手してくれるのかと不安でしたし、今まで男性には嫌な思いしかしてこなかったけれど、○○さんは本当に思いやりをもって接してくれて、話もよく聞いてくれて、あっという間の楽しい時間でした。映画好きという共通点で話が盛り上がり、○○さんが無邪気に話をする姿がとても可愛らしく、すごく癒やされ、ファンになりました！〉
〈○○さんは、一回や二回ではもったいないです。三回、四回とリピートするほどじわじわ良いので、リピートオススメです！〉

利用した女性が見た時に、ヤキモチを妬《や》かないのだろうか？　と、口コミページには不思議な状況が広がっていた。

サービスを通して、一人の男性を何名かの女性で共有しているわけなのだけれど、ファンたちからの熱烈コメントが、「セラピストを応援している」母性のようにも感じた。

コメントの文体はまさに三者三様、しっとりとした控えめなコメント、〝クンニ〟や〝指テク〟など具体性のあるコメント、ジョークを効かせたコメントまで、ファンのキャラもセラピストによって分かれているのがうかがえて、読んでいて面白かった。見えない相手でも、〝類友〟なのだ。

様々なコメントを読み、一番「誠実さ」が伝わってきた、ややマッチョ系の35歳、入店1か月の新人セラピストにお願いすることにした。

ちなみに、自分で決められない場合は〝好みのタイプ〟を伝えれば、店側がその人に合いそうなオススメのセラピストを選んでくれるところもある。

予約してみる

なんでも初体験というのは緊張するものだ。

サイト内の「予約」から進む。

気になるセラピストの名前や予約の空いてる日時をチェックし、予約フォーマットに沿って記入していく。

①自分の名前（偽名でＯＫ。今回私は、「なな」と名乗ることにした。これ見よがしに呼ばれたい名前や、憧れた名前をどうぞ）。

②連絡先携帯電話番号とメールアドレス（セラピストとは予約当日含め、ショートメールでのやり取りになる。メールアドレスは、返信する際にアドレス欄や本文の最後に、自分の名前が相手に表示される設定になっている方は設定解除を）。

③指名したいセラピストの名前（ほとんどのサイトがスクロールで選べるか、セラピストのページから予約できるようになっている）。

④予約したい日時（1週間先まで予約可能なところが多い）。

⑤待ち合わせの駅や、ホテル、レストランなど指定したい場所があればその名称と住所（決まっていなければ、後から直接セラピストに連絡でもＯＫ）。

⑥予約したいコース時間。

サイトによっては「してほしいこと、されたくないこと」「性感帯はどこですか」

信。

「ご希望の無料オプションは？」「カップルでの利用かどうか（※カップル対応可のセラピストは限られる）」などの質問（任意）もあり、一通り記入したらいよいよ送信。

コース時間は60分、90分、120分、180分、5時間、8時間お泊まりコースなど様々。

性感サービスなので、あんなことやこんなことの直後に、「じゃ、さよなら」ではさすがに味気なさすぎると思い、ほどほどの120分コースを予約してみた。少し話をしてまったりしたり、お酒飲んだり……と考えれば、〝初心者〟の私にはそれが妥当かなと思ったからだ。

料金の平均は、120分1万6000円＋指名料2000円が相場のようだ。ただし今回は新人さんだったので、指名料はなしで120分1万6000円也。

予約送信後、サイト運営会社から、予約完了確認のメールが、予約時に記入したアドレスに届いた。メールアドレスはそのサイト（店）への登録制ではなく、予約の都度記入する感じなので、メールアドレスを記入したからといって迷惑メールが一気に増えるということも今のところはない。ただし、完全会員制のところもあるので、そこはご自身の安心な方をお選びいただきたい。

ともあれ、ほんの2~3分の予約手続きの間、ものすごく心臓の音が大きく感じた。緊張とワクワクと少しの不安と、複雑な気持ちが一気に打ち寄せてきて、1時間くらいに感じた。

しかし予約完了後には、「ついにしてやったり!」と、むしろ高揚感が強い自分に驚いた。

ハリウッド映画の性悪女にでもなったかの気分でむしろ清々しい。イメージとしたら、映画『シカゴ』のヒロインだ。『セックス・アンド・ザ・シティ』でキム・キャトラルが演じた、サマンサ・ジョーンズでもよい。とにかくアレ系の奔放で強い女だ。自分では知り得ない自分と出会ったかのような感覚で、自分の中のもう一人のペルソナ(心理学用語で自分の中の様々な面)が音を立てて扉を開くようだった。

プラン妄想タイム

確認メールで予約が確定したあとに、高鳴る鼓動を抑えつつ、プランを考えることにした。

まずはレストランで一緒に食事して、タイプ的にOKか、どんな人柄なのかを知ってから、「この人だったら大丈夫」と確証を得て一緒にホテルにチェックインした方が安心だとも思ったけれど、ここは勝負に出ることにした。

時間を余すことなく性感サービスに集中しようと、思い切ってダイレクトにホテルに来てもらうことにした。扉が開いて後悔しても、それも勉強だと思おう……と（後に、何人かのセラピストに話を聞いたところ、4割のお客様は食事や映画などの外デートが初日にあって、2回目以降に性感でリピートという感じらしい）。

当日、2時間ずっと性感マッサージをしてもらうには体力がいりそうだし、緊張して疲れそうなので、はじめはゆっくり話でもしながらお酒を飲んで、時々後ろからギューッとかされてイチャイチャしながら、なんとなくそういうムードになればいいなと思ったので、家に余っていたスパークリングワインを持っていくことにした。

「〝泡〟を片手に男を買う」ってなんだか、いかにもスーパーウーマンな自分をも楽しめそうだ。

絶対この日は黒のピンヒールで行こう……そう思った。

ホテル選び

行ってみたいラブホテル前で待ち合わせして、一緒にチェックインでもいいと思う。または、ラブホテルでも一人で先にチェックインができるようだ。

自宅に出張サービスもあるけれど、どんな人なのか知らない男性をいきなり招き入れるのはリスクが高い気がする。多少お金がかかっても、安全面はぜひとも確保したいところ。

私はラブホテルのあのじめ〜っとした雰囲気が苦手なので、赤坂のシティホテルのデイユースを利用することにした。

楽天や一休.comなどの、ホテル宿泊予約サイトで、デイユースを出しているところを検索。都内のシティホテルのデイユースは、昼間の時間を5時間前後利用できる。場所やホテルのランクにもよりけりだけれど、そこまでアッパーなところでない限り、5000円前後で利用可能。つまり、今回の予算は、セラピスト代1万6000円+ホテル代5000円で、計2万1000円ということになった。

ホテルのチェックインはセラピストの時間に合わせる必要はないので、早めに行ってまったり休むなり、セラピストを見送ってから余韻に浸るなりしてからチェックアウトするなど、自由にセッティングできる。

料金的なことを考えると決して安くはないけれど、普段エステサロンなどへ通われている方にとっては、エステの料金とほとんど変わりないとお気づきだろう。一対一の接客業の大体の相場なんだなと感じた。

更には、彼らセラピストは、性感マッサージ以外にもアロマテラピーや指圧マッサージの腕も磨いているという。

実際、トレーナーを本職でやっているセラピストや、マッサージの学校へ通いながら働いているセラピストも少なくない。

この際、両方お願いしてしまえば一石二鳥かもしれない。

指名したセラピストから連絡が来た！

1週間後のスケジュールを予約完了後、翌日に携帯が鳴った。

ショートメールを開いてみると、昨夜サイトから指名したワタル（仮名）からだった。

ワタル〈なな様　はじめまして、○○のワタルです！　この度はご指名いただきまして光栄です！〉

私〈ワタルさんはじめまして。ご連絡ありがとうございます。こういったのははじめてなので、お手柔らかにお願いします笑

場所は○○ホテルを取りました。先にチェックインしてますので、お部屋分かり次第また当日連絡しますね。〉

ワタル〈先のチェックイン了解です！　安心していただくためにも、何かメールの方が言いやすいご不安あればいつでも、おっしゃってくださいね♪〉

私〈何が不安なのかもよく分かりません笑〉

ワタル〈はじめてですもんね！　されて嫌なこととかありましたらお気軽におっしゃってください♪〉

私〈なるほど！　でもどんなことをされるかも分からないので、何されたら嫌なんだかもよく分かってません汗。例えばどんなことがあるんですか？〉

ワタル〈例えば、結婚しているのでキスはNGとか、中は痛いから指を入れられるのは嫌とかその方によって色々ですよ♪〉

私〈なるほど！　今特に思いつかないので当日までに考えておきます！〉

ワタル〈途中でやっぱりNG、やっぱりしてほしいなどお気軽に言ってもらえると嬉しいです♡　ななさんに早く逢いたいなぁ♡〉

私〈はーい！　緊張しますが、楽しみにしてます。〉

「逢いたい」というパワーワードのセレクトはさすが営業上手！

メールが鳴った途端にワタルのメールアドレスを慌ててサイレントモードにした私。

なんだかワクワクした！　自分よりもいくつか年下の男の子に「早く逢いたい♡」なんてキラキラハートメールなんて、それだけですでに非現実世界だ。


それにしても、セックスや男性にトラウマがある女性や、普段パートナーに自分のしたいこと、されたら嫌なことを言えないという女性には、この「メールで事前オーダー制」はすごくよいサービスだと感心した。

予約日前夜

予約前日、サイレントモードのメールアドレスに2件のマークが付いていた。開いてみると、

ワタル 〈ななさん、いよいよ明日お逢いできますね♡　楽しみです！　体調は大丈夫ですか？〉

私 〈リマインドありがとうございます！　予定通りで大丈夫ですよ〉

ワタル 〈はい(^_^)　ところで普段珈琲など飲まれますか？〉

私 〈実は珈琲アレルギーなんです。紅茶やハーブティーはよくいただきますよ♪〉

ワタル 〈教えてくれてありがとうございます(^_^)　それから、何か飲み物も用意したいのですが、もしお酒苦手でしたらノンアルコールでも、お好きなもの言っていただければ御用意します♪　せっかくなので一緒に乾杯しませんか♪〉

私 〈あら！　そんな心遣いいただけるなんて！　喜んで乾杯します！　実は、

いただきものの泡があるので、もっていこうと思っていました♪　お手伝いしていただけると嬉しいです♪〉

ワタル〈もちろんです♡　嬉しいです(^_^)　早く明日になぁれ♡〉

相変わらずのキラキラメールにすっかり胸躍る私がいた。

それにしても、慣れないせいか私の返信が堅いし、絵文字の使い方がよくわからず、やたらと「！」ばかり使ってしまい少年のようなメールになってしまう（苦笑）。

普段から、絵文字を使わず淡泊なメールばかりしていると、こういった時に女子力の差が出るんだなと実感した。

それにしても、まだ会ったこともないのに、〝しっぽ振って懐《なつ》いたそぶりを見せて飼い主を喜ばせるワンコ〟みたいに、喜ばせ方が上手だ。

そして、改めて、若い男性からのキラキラメールって嬉しいものなんだと思った。

そして当日

当日というよりも、前日から胸がざわざわと落ち着かなかった。

正月の大型連休で夫は前日から帰省して留守なので、気を使うことなく朝から裸で部屋中うろうろする。

自分より若いセラピストをオーダーしたこともあり、念入りに朝からフェイスマスクしたり、脱毛は大丈夫かと確認したり、服装はどうしようかなと、久々に「デート前の緊張感」を思い出し、それだけでも価値があると思った。

服装はそれっぽく、〝強い女〟をテーマに、胸元がざっくり開いた白のニットに、黒のタイトスカート、網タイツまでいってはいかにもすぎるので、普通に黒のタイツ、黒のピンヒール、赤色の濃いグロスを引いて挑むことにした。

この日は、正午から17時まで使えるデイユースのホテルを取ったので、セラピストには14時に来てもらうことにした。


私は13時頃にチェックインし、スパークリングワインを冷やした。

その他、部屋の明るさどうかなぁ……あまり明るすぎて顔がはっきり見られても嫌だしなぁ……などと、なんとなく雰囲気づくりをしつつ、はじめて会う〝彼氏〟に失礼がないように、軽くシャワーを浴びたり歯磨きをしながら準備した。

13時半頃に、〝彼氏〟へ部屋番号を伝えるメールをし、直接来てもらうことにした。ちなみに、ビジネスホテルなどの場合、エレベーターのセキュリティでキーがないと部屋に来られない場合は、エレベーター前に着いたら連絡してもらい、迎えに行くのがよい。

私 〈予定通り、○○ホテルの306号室にチェックインしました。お時間になりましたら来ていただいて大丈夫です。〉

ワタル 〈了解しました♪　今飲み物買ってもうすぐ着きます♪　少し早めに着いちゃっても差し支えありませんか？〉

私 〈は、はい！　大丈夫です。〉

「少し早めに到着」と言われ途端にテンパり始めた。いよいよだ！　と、不安とドキドキが止まらない。

うっすらしか知らない顔が、すげーブサイクだったらリアクションどうしよう、とか色々なことが頭をよぎり、せっかくシャワーを浴びたのに変な汗が出てくる。

イケメンセラピスト現る！

14時になろうかという時間に、〝トントン〟とドアが鳴った。

椅子から立ち上がり、黒いタイトスカートを膝に伸ばして洋服を整え、若干震える手でドアを少し開けた。

そこに立っていたのは……！

ひょえ〜〜〜‼　イケメンやないか〜〜〜い‼

西村元貴《もときき》似のさわやかな好青年が笑顔で立っている！　しかももはや後光までさしている！

ブサイクが立っていても笑顔で優しく迎え入れようと、リスクマネージメントなシミュレーションしかしていなかった私は、イケメン免疫ゼロにて即死状態に陥った。

だいぶ顔面が引きつっていたに違いない。

スタイルもいいし、スーツもビシッと決まってる！

一気にテンション急上昇する私。

まずは、平静を装い、「どうぞ」と笑顔で迎え入れ、一人掛けのソファーへ誘導した。

「はじめまして。ワタルです。すごい綺麗な方で嬉しいです！」

「あははは、そんなことないですよ、でもありがとうございます（照）」

（おぉーのっけからパワーワードぶち込んでくるなぁ。さすがです。よっ！　プロ！）と心の声。

「ななさん、あのね、お近づきの印にプレゼントがあるんです」

「え!?　そんな！　飲み物とかも買ってきてもらってプレゼントもだなんて、そんな気を使わなくていいのに！」

「うん。大丈夫、せっかくのご縁だし、よかったらこれ使ってほしいと思って」

とバッグから取り出したのはステンレス製のオシャレタンブラーだった。

私は目を丸くした。

「へー！　これいいやつだね。だから、メールで珈琲飲むかって聞いてくれたの？いいんですか？　こんなのにお金使わなくてもいいのに」（↑こういった仕事する人は基本的に金に困っているという思い込み）

「うん。うちの会社の女性たちがオフィスでみんなタンブラー使ってて、それ見てていいなって思ったんです」

「そっか！　ありがとう。せっかくなので使わせていただきますね」

ワタルは大手企業に勤める営業マンという本職があるらしい。

「私、はじめてなので、どうしていいか分からないんだけど、ついていく感じで大丈夫なものなの？」

「もちろん大丈夫ですよ。ちゃんとリードしますよ。とりあえず、乾杯しましょ♪」

と言って手際よくグラスやら準備を始めた。

家事的なことをスムーズにできる男性は、やっぱり素敵に見えてしまう。

部屋に備え付けのワイングラスを二つ並べ、薄明るい部屋にポーンッと栓の開く音が響いた。

「じゃぁ、今日という出逢いと、ななさんに乾杯だね」

そう言いながらワタルは私にグラスを渡すと、私のグラスよりも低い位置で自分のグラスを鳴らした。

驚きの気遣い

「あ、それからね、ななさん、アロマ好き？」

そう言うと、ワタルはまたバッグから何かを取り出した。

なんと、簡易性のアロマ加湿器だ！　女子力高い！　君のバッグは本当に何次元なんだ!?

「ホテルって乾燥するでしょ。女性はデリケートだから。お肌大事だよ」

と言いながら加湿器に水とアロマを入れ、焚いてくれた。

乾燥していた部屋がゆっくりとラベンダーのいい香りに包まれていく……。

抜かりないサービスに、激しく感動した。しかも、アロマのいい香りでなんとなくいい感じのムードにもなりそうだ。

「セラピストの皆さん、こんなことまでしてくれるのって普通なの？」

「どうだろう。でもセラピストそれぞれに何か工夫はしてるんじゃないかな」

「へー。すごいね。逆の立場でデリヘル嬢はここまではしてくれなさそうだよね。やっぱり女性相手のお仕事となるとサービスがすごいんだねぇ」

「そうね。確かに男性向けのサービスとは違うかもしれないね。ところで、マッサージはどうする？　パウダーマッサージとか、アロママッサージもできるけど」

「パウダーマッサージって何⁉　粉でマッサージするの？　餃子の皮みたいに粉まみれになるの？」

「あははは！　そうはならないよ！　ベビーパウダーでマッサージするんだけど、〝サワサワ〜〟って指先で触られると感じる人いるでしょ。その〝サワサワ〜〟感がより強調される感じ。アロマオイルのマッサージもできるよ」

「へ〜。餃子の皮みたいにこねられるわけではないのね（苦笑）。パウダーはくすぐったそうだから、アロマがいいかな。普段から好きでよく行くし」

「へ〜そうなのね。ななさんは普通のエステよりアロマトリートメントの方が好き？」

こんな会話から、お互いのなんとなくな日常の話が弾む。

私は、小さなテーブルを挟んでワタルの正面に座っていた。緊張していたので、このテーブルがちょうどよい距離感をつくってくれていた。

スパークリングワインでほどほどに酔いが回り、途中からどんな話をしたのか具体的には思い出せないけれど、ワタルは普段は都心の大手企業勤務の営業マンで、バリバリの働き者。

この仕事を始めたのはお金のためではなく、自身、離婚を経験し傷心したことがきっかけで自分の心の隙間を埋めるかのように始めたと語っていた。

サービスを利用する方も、される方も、やはり人。いろいろな人生がそこにはあるものだ。

ほどなく、ワタルがテーブル越しに私の手を握った。

ドキドキの時間

「ななさん、ハグしてもいい？」

「へっ⁉ う、うん。大丈夫だよ」

若干うわずった声で返事をした。

ワタルは私の手を握ったまま、立ち上がってテーブルの脇から私の方へ近づいた。

私を立ち上がらせ、分厚い胸板に私の顔を埋めるように大きな手で優しく包んでくれ、私もそれに応えるようにワタルの背中に手をまわした。

「シャワーはどうする？　一緒に入る？　一人がいい？」

「うーん。せっかくだから一緒に入ろうか」

人とは不思議なもので、ついさっきまでテーブルの距離がちょうどいいと思っていたくせに、一度パーソナルスペースに入ってしまうと、あっという間に親近感をもち、平気になってしまうのだ。

「じゃ、シャワーの準備してくるね。お湯、熱めがいい？　ぬるめ？」

「寒いからね、少し熱めがいいかな」

そんなことまで聞いてくれるのかとまた感心した。

ワタルは〝私のために〟冷たいシャワーにならないように浴室を温めてくれている。

そういう健気な姿を見るだけでも女性は感動するだろうなと思った。日常生活で、多くの男性はし得ないようなことだ。

「お風呂温まるまでハグしてよ。キスはしても大丈夫？」

「うん」

シャワーの音が鳴り響く中、数分間抱き合いながらキスをした。

シャワールームも温まる頃、ニットのボタンを一つ一つ器用に外し、洋服を一枚一枚丁寧に脱がせてくれる。

私の服を一枚脱がせ、ワタルも脱ぐ。また一枚脱がせ、ワタルも脱ぐを繰り返し、お互い裸になった。

先にワタルがシャワールームへ入り、私に手を差し伸べ浴室へ誘導してくれ、シャワーを当てて温めてくれた。

私はワタルに背中を向け、鏡の前に立った。

ワタルは自分の両手にボディーソープをたらし、「寒くない？」と気遣ってくれながら両手で包むように私の背中、首、腕、腰、胸、お腹、脚と順番に優しく洗ってくれた。

ボディーソープの泡を洗い流している途中、ワタルはシャワーのノズルを私に渡し、先に出てしまった。

ワタルは、私がシャワールームから出ようという時に、ちゃんとバスマットを敷き、両手にバスタオルを広げて待っていた。

「あははは。なんか恥ずかしいね（笑）。子どもにでもなった気分だよ」

「そう？　ななさんのために、全部してあげたいよ」

バスルームを出ると、さっき脱ぎ捨てた洋服がきちんと綺麗に畳んである。もうすでに十分すぎるサービスだ。気の利き方が半端ではない。

「普段女性がして当たり前、女性がするべき仕事」と思い込まされていることを、綺麗な顔をした男性がさらっとやってのけるとこんなにも感動するものかと思った。

主婦の方ならなおさら、普段自分がしているようなことを、こうやって男性がしてくれたら感激するに違いない。

これは口コミでも多く目にしたコメントの一つだ。いまだに暗黙の了解で〝家事育児は女の仕事〟という世の中、こんなことで感動してしまうなんて、今まで、男に尽くされるという経験をしてきた女性は全体の何パーセントいるだろうか。

無意識の中に「〝尽くす〟というのも女の仕事」という洗脳があったことに、はっと気がついた。

魅惑の性感タイム

バスタオルでカラダの水滴を優しくふき取ってくれた後、私たちはそのまま裸で抱き合った。

キスをしながらベッドへ腰かけ、私は仰向けに倒れた。

耳や首元を何度も往復し愛撫される。

ワタルの息遣いで私の下半身も潤沢になっていくのが分かる。

私もワタルの首へ手をまわしワタルの後頭部へ片手を添え、もう片方の手でワタルの背中をまさぐった。

本当は、本領発揮すると自分優位な流れに持っていくタイプだけれど、なんとなくこちらからタッチしては失礼なんじゃないかと考えてしまった結果、私はマグロと化した。

どんな時でも、分からない時はその道のプロにお任せすると間違いはないものだ。

首筋を愛撫され、そのまま乳房を愛撫。ワタルは私の乳房をくわえたまま、太ももを優しく撫で、何度も吐息交じりに、「ななさんすごい綺麗。すごいいい匂い」「興奮しちゃうよ」などと愛撫するところに言葉を置いていった。

すっかり潤沢になった私の太ももにアロマオイルを塗りながら、自分のカラダにもオイルが付くように二人で肌を重ねていく。

もちろんエロとしても気持ちがいいのだけれど、ワタルの張りのある若い肌と体温が何よりも気持ちよく感じた。たくましい二の腕と胸板が妙に安心をくれる。

「ななさん、おもちゃ使っても平気？　俺ね、ちょっとSっ気あるんだ」

「うん。いいよ」

ワタルは、さっき簡易性アロマ加湿器を出したバッグから、今度は丁寧に梱包されたバイブレータを取り出した。

スイッチを入れて、私の内股からアソコにめがけて押し当ててくる。

もがく私を見ては何度も「ななさん、綺麗」と言いながら、クンニをする。


途中、私はワタルの乳首へ指をすべらせた。

ワタルは思いのほか感じてくれ、性感帯だったせいか、下半身も大きくなっていた。

私は、ワタルの大きく硬くなった下半身の感じが分かり余計に興奮した。

本番行為は売春防止法で禁止されているのであってはならない。が、辛い。

そうこうしているうちに、私はあっという間に頂点にいってしまった。

気がつけば1時間以上が経っていた。膝の裏と背中は汗でしっとりしている。

ワタルはそのまま私の隣へ横になり、腕枕をして私を抱きしめた。

「ななさん、すごく綺麗で可愛かった。もっとななさんのそういうところ見たいよ」

発言もいちいちエロい。

「これ、〝本番〟我慢するのしんどいね（苦笑）。したくなったりしないの？」

「我慢するよ（苦笑）。女性傷つけたくないし、癒やすのが仕事だしね。まだ足りないならもっとたくさんしてあげるよ（笑）」

「（笑）！」

またワタルと私はベッドの中で会話をした。

気がつけば2時間があっという間に過ぎている。

「ワタルくん、時間だね。シャワー浴びて準備しなきゃ」

「うん。ななさんがまだ大丈夫だったらもう少しゆっくりしてもいい？」

「私は構わないけど、ここ17時までだから、それまでなら好きにしてて」

「ななさん、ありがとう」

拘束時間は案外ゆるいようだ。セラピストによってカウントの仕方が異なるという。はじめの会話の時間をカウントせずに、性感マッサージの時間だけをカウントするという人もいるようだ。

私の感覚では、サービスはその人の拘束時間でカウントするべきだと思っているので、あいまいさに少し驚いた。

かといって、2時間の料金で、無理強いで長くいてもらおうなんて考えはよした方がいい。そんなことをしたら間違いなく嫌われ客になり、下手したら出禁になってしまうだろう。


時間も16時半を回ったので、二人でまた一緒にシャワーを浴びて帰り支度を始めた。

「ワタルくん、先に出て。私、準備して出るから」

といい、ワタルに1万6000円を手渡した。

「ななさん、今日は呼んでくれて本当にありがとう。一緒に過ごせて本当に楽しかったよ。最後にハグしていい？」

帰りのハグとキスを終え、ワタルを部屋から見送った。

アフターフォローもすごかった

私は火照った顔でチェックアウトを済ませ、家路へついた。

帰り道の脳内ミュージックは、ドビュッシーの『月の光』だった。

真冬の17時過ぎは、もうすぐ夜という時間帯で、空に浮かぶ満月が妙に青白く感じた。

さっきまでの出来事が、夢の中でのことのようだ。頭が少しぼーっとして、ゆっくりしか歩けない。

ようやく電車に乗り込み、電車に揺られていた頃、またショートメールに3つメッセージのマークが付いていた。

ワタル〈ななさんに出逢えて本当によかった。素敵すぎるから、ななさんに釣り合えるように男を磨いていく！〉

とことん細部まで行き届いたケアに、もはや感動するしかなかった。

今回、私が一番感動したのは、脱ぎ捨てた相手の服を畳むとか、女性が普段〝するべきこと〟と教え込まれてきたようなことをスマートにこなす所作だ。

もちろん性感も気持ちよくてよかったけれど、「このサービスのよいところは何？」と聞かれたら真っ先に、「今目の前にいる〝私のために〟優しい言葉をくれて、一生懸命気遣いをしてくれること」と答えるだろう。

そしてなによりも、彼らは「トキメく自分と出会える時間」を提供してくれるのだ。

日頃ストレスにさらされ、どうしても誰かに慰めてほしい……なんて時に、こういったサービスを利用する女性は意外に多いだろう。

更には、性感マッサージにおいても、女性がセックスの中で一番重んじる〝前戯〟を100パーセントで応えてくれる。

パートナーのいる方で、普段淡泊な前戯に不満を抱いているという方は、きっと満足するに違いない。

〝身体のケア〟から、傷ついた心を優しく慰めてくれ、更には、ドキドキさせてくれるという、カウンセリングとはまた違ったメンタリティのケアまで行き届いている。

彼らは、〝セラピスト〟と名乗るだけのことはある仕事をしてくれる。

ちなみにワタルはその後も、

ワタル〈毎日本当にお疲れ様♡　俺はこれからシャワー浴びるところだけど、ななさんはちゃんとお湯に浸かって疲れとってね♡〉

など、時々気遣いのメールをくれている。

注意したいこと

セックスの際、「気持ちいいふり、イッたふり」ということは、多くの女性が経験しているだろう。このようなサービスでは、オーガズムの経験がないという女性の駆け込み寺にもなっているようだ。

お金で解決という一つ割り切った関係性だからこそ、「思い通りにしてあげないと彼が可哀想」という男性を気遣う感情は捨ててよいのだ。思う存分本当の自分をさらけ出していいと思う。

しかし、かといって、「私は客だ！」と横柄《おうへい》になるのは決してよくない。その関係性だからこその気遣いとモラルはもって接してほしい。

それから、セラピストによっては、躍動感あるエロいイチャイチャメールをくれるので、ソレも楽しみたい方は別として、既婚者の方や、日常生活でメールが困るという方は、秘密のアドレスに振り分けるか、または、日常の事情を話してメールは控えてもらった方がよいかもしれない。

いずれにしろ、彼らはあくまでも、〝仕事〟なので、ハマりすぎないように注意が必要だ。

支払いに関しては、サイト内でクレジットカード決済可能の場合もあるけれど、本名がバレてしまったり情報がとられる可能性も全くのゼロとは言えないだろうから、ＩＤ提示はなるべく避け、ハマりすぎて破産なんてことがないように、現地現金払いがオススメ。

2【レンタル彼氏】

・検索の仕方………「レンタル彼氏」

・利用できる人……女性限定。

・相場と費用………1時間2000円～1万円と幅広い。その他、指名料に加え、デート費用は全て女性客負担（例えば食事代やテーマパークへの入園料、場合によっては〝彼氏〟の交通費など）。

・サービス内容……性感マッサージなどの性的サービスは基本なし。食事やショッピングなどのデートのみ。

お願いしたいデートプランを考える

検索サイトで「レンタル彼氏」と入力してみると、「デート練習、恋活」「婚活教習所」とかうたったサイトまである。

料金は〝トレーニング中の彼氏〟や、全体的に安め設定の運営サイトでは、1時間2000円～4000円、ベテラン彼氏はサイトにより8000円前後が相場で、その他、指名料が2000円ほどとなっている。

性感マッサージよりやや割安な印象だけど、レンタル彼氏は日頃の欲望を存分にお願いできるようだ。何しろ、「彼氏になりきって」くれるらしい！

先日の〝マッサージ彼氏〟でなんとなく要領を得た私は、今回はしっかり彼氏になりきってもらって、なんならこちらからシチュエーションを指定しようと考えてみた。もはや、どこまでやってくれるか、演じきってくれるか、そしてどこまでその演出の中で女優のように〝ステキな彼女〟になりきれるかの実験だ。

小春日和の穏やかな井の頭公園のベンチで、優しい彼は私の膝枕でうたた寝をしている。その可愛らしい寝顔を見ながら私は読書……みたいな、うら若き乙女チックな演出がよいのか、奮発してディズニーランドで、いかにも初々しいデートもいい。映画館じゃ手くらい繋ぐかもしれないけど、会話にならずに2時間ただ並んでスクリーンに向かうだけだから却下。

しばらく悩んで、改めて自分がどんなデートをしたいのか考えることにした。

色々なサイトの〝彼氏〟たちのプロフィールを見ていると、なんと自家用車を出してドライブに連れて行ってくれる〝彼氏〟もいるようだ。うーん……。でも万が一に事故ったりして、「レンタル彼氏です」なんてバレたらハズイからやっぱり却下。

若いイケメンと〝手繋ぎデート〟だけでも十分に非現実だけれど、せっかくなら今まで経験したことのないシチュエーションや、若い頃、こういうのに憧れてたなぁ～みたいなのを叶えてもらう内容にどうしてもしたいと思い、しばらくの間また考えていた。

私自身、男性の後ろを歩くというより、優しい男性と付き合って私がグイグイ引っ張って行くような交際の仕方しかしたことがなかった。

ならば、いわゆる昔ながらの大和撫子的な女性を演じて、「男性に引っ張ってもらう」ということがどんな感じなのか味わってみたいと思った。

それにはいかにも90年代の恋愛ドラマのような、ベタなシチュエーションがいい！

そうだ！　遊園地で手繋ぎデートをして、ソフトクリームを鼻先につけながら笑い合って、観覧車でプロポーズしてもらうのがいい！

「プロポーズ」だなんて、こんなよく分からないことを思いついてしまったけれど、こんなの誰もオーダーしたことはなかろうと、我ながら画期的なアイディアだと思った。

私が結婚した時は夫からプロポーズなどなく、長く交際していたという理由からなんとなくお互いに、「じゃ籍だけ入れようか」と、流れ流れて籍だけ入れたというダラダラ婚だったので、ドラマのようなロマンチックな恋愛を経験してこなかった。

せっかくなら、思いのままの絵に描いたような理想のカップルとして時間を過ごしたい！

妄想に妄想を重ね、そんな思いが沸々と湧き出てきたのだった。

サイトの口コミをチェック

様々なレンタル彼氏サイトの口コミを見ていると、

〈女友達の飲み会に、彼氏として自慢するために付き合ってもらった。〉

〈カップル限定のイベントに参加したいからレンタルした。〉

〈パーティーへ参加するのに見栄えの良いパートナーを横に置いて天狗になりたかった。〉

〈絶対にこの展望レストランはイケメンとしか行きたくないと思って付き合ってもらった。〉

〈人気スイーツ店にイケメン彼氏と手繋ぎで行って、アーンしてもらうのが夢だった。〉

など、〝世間からの女としての見栄を張る目的〟であったり、〝憧れのシチュエーションを叶えるため〟といった利用が多いようだ。

もはや、インスタなどのSNSで、「映え」を狙う感覚とも似ているなと思った。性感マッサージのサイトで見るコメントとは、また全然違う種類の〝女の欲望〟だ。

性感マッサージを利用する女性客は、単に性欲が強い方は別として、「自分なんて誰も愛してくれない」などと自己肯定力が低く、心の隙間や孤独を埋めたいとサービスに「癒やし」を求めるのに対して、公の場でデートするレンタル彼氏の利用客は、「私はイケてる」と、自己肯定力はあっても、常に他人と比較したり、「もっと自分を良く見られたい」という社会的不安を抱える人が多いようにも感じた。

〝彼氏〟選びに苦戦

〝彼氏〟たちのプロフィール写真を見ていると、性感セラピストには顔のぼかしがあったのに対し、レンタル彼氏のサイトではほとんどの皆さんが顔出しをしている。「女性からお金を受け取りデートするサービス」としては性感マッサージと同じなのに、こちらでは顔出しに抵抗がないとは、「性」を扱うか扱わないかで世の中からの見られ方の意識が違うんだなと改めて実感した。

もちろんイケメンも多いのだが、驚くほどのすごいおじさんとか、まるでタレント感やイケメンの要素がない〝彼氏〟まで、まさに玉石混交といった感じ。

見る限り、「〝彼氏〟になるための面接」などの運営サイト側の管理はなく、あくまでもサイト内での場所貸しという形でしかないようだ。

「外でデートするだけ」と、性感サービスに比べるとハードルが低いせいか、なかなか指名したいと思える〝彼氏〟がいない。

できれば30代がいいと願う私に反して、レンタル彼氏のほとんどが20代だ。可愛らしいジャニーズ系や韓流系が多いので、割と若い客層をターゲットにしている印象だ。

私の望んだシチュエーションである「プロポーズ」というハードルがある今回のデートにおいては、ある程度熟練した〝彼氏〟でないとアタフタしてしまうだろうと思い、口コミ数で人気がありそう&優しい癒やし系、経験年数が半年以上という条件で、〝上級者彼氏〟を探した。

〝上級者彼氏〟探しに役立ったのは、やはり在籍人数の多い運営サイトだった。

口コミ数も多い分、利用客の皆さんのシチュエーションや、それに対してどんなリアクションをしてくれたのかまで細かく〝報告〟されている。

ちなみに、1時間2000円～3000円の〝安い彼氏〟は、やたらと自分の話ばかりで自己中心的、女性が喜ぶ言葉もない、全くのど素人という、あまりよろしくない評判の口コミが目につき、ほどほどの料金の〝彼氏〟からチョイスすることに。

予約までの流れは、性感マッサージとほぼ変わらない。

予約するまでの流れのガイドラインや、デートプランの例なども丁寧に記載してあるサイトもある。

その他に、お気に入りの〝彼氏〟を見つけたら直接LINEで繋がってダイレクトにやり取りできるシステムを取っているサイトもある。こういったところは、1分もしないで〝彼氏〟と繋がれる。ただしこの場合、自分のプライベートが、何者かよく分からない他人である〝彼氏〟にバレてしまうということもあるだろう。

さて私は、皆さんからの口コミと、サイトからのオススメコメント、あとは写真から伝わる雰囲気を見て、身長180センチ、細マッチョな癒やし系イケメンをチョイスし、2時間のデートコースをお願いすることにした。

代金は2時間1万2000円+指名料2000円で、計1万4000円也。

デート場所探し

場所は遊園地と決めていたけれど、ひとまず「プロポーズするならどこ」と検索してみた。

目立つのは、都内の夜景が楽しめるホテルのラウンジや高級レストラン、スカイツリーや東京タワーだった。

やっぱり、「夜」の時間なのだな。と思い、時間はマジックアワーから夜になる時間帯の18時半に待ち合わせすることにした。

さて、遊園地はどこがいいだろうか。

ディズニーは費用もバカ高くなるし、時間が2時間ではまず足りない。

しかも〝プロポーズ〟をしてもらうのに、あんなに人がたくさんいては二人きりの雰囲気が楽しめないかもしれないし、万が一、プロポーズのセリフが周りの来園者の耳に入ってしまったりしたらオーディエンス化してしまい、更にはSNSに動画投稿されてめちゃめちゃ恥ずかしいことになる危険もあるんじゃないか……なんて、そもそもまだ〝彼氏〟がプロポーズのオーダーを受けてくれると決まったわけではないのに一人妄想が膨らんだ。

他の遊園地といえば、浅草の花やしきでは渋すぎる……、東京ドームシティ（旧後楽園ゆうえんち）では知り合いにばったりなんて可能性もあるな……と悩みに悩んで、大人の街「横浜みなとみらい21」の「よこはまコスモワールド」にしようと決めたのだった。平日の営業時間は21時までなので時間的にもばっちり、なにしろここには、あの大観覧車がある！

予約完了後の〝彼氏〟からのメール

性感マッサージ同様の流れでサイトから、日時、指名する〝彼氏〟、待ち合わせ場所、2時間デートコースと記入し、私の名前は「みーちゃん」という仮名で予約。

予約した翌日の昼前に、指名した〝彼氏〟カナト（仮名）からショートメールが来た。

カナト〈みーちゃんはじめまして。○○のカナトと申します。この度はご指名いただきありがとうございます。5月8日18時半に桜木町駅改札でお待ち合わせとうかがっています。癒やしの時間を提供できるよう努めますので、どうぞよろしくお願いします。〉

私〈カナトさん、はじめまして。よろしくおねがいします。当日、超ベタに遊園地デートしてもらえますか?〉

カナト〈はい、大丈夫ですよ！　遊園地大好きです！〉

私〈よかった！　若い頃にやれなかったことをやってみたいと願う40オンナです苦笑。そして、もう一つ超変なリクエストがあるのですが、聞いてもらえますか?〉

カナト〈40歳じゃまだまだお若いですよ！　僕にできることがあれば何でも言って下さい！(^_^)〉

いよいよだ！　いよいよなのだ!!

私 〈カナトさん、ありがとう(^_^) 私は既婚なんですが、旦那とはダラダラ付き合った延長で籍入れただけで、実は、プロポーズを受けたことがないんです。それで、遊園地でいかにもっぽく、プロポーズ体験してみたいという超変なリクエストです笑〉

私 〈超変なこと言っているのは分かっています。ホントごめんなさい汗。でもどうしても30代最後にやり残したことがないようにしたくて。私の夢を叶えてもらえませんでしょうか〉

勢いよく言ってみたものの、慌てふためき、やや年齢詐称しながら言い訳をバシバシ送りつける私。

カナト 〈そうなんですね！ 僕自身、プロポーズの経験がないのでうまくできるか分からないけど、やってみますね！〉

おぉーーー‼
間が空くことなく、すぐに快諾とは‼
しかも仕事とはいえ、もし君の言うプロポーズ童貞に嘘がなければ、奪ってごめんよ。

私　〈わぁーい！　ありがとうございます♡　たぶん一生感謝します‼〉（「たぶん」は余計だった。一生勝手に感謝してろよ私）

私　〈ちなみに、観覧車は絶対乗りたいです！　高所恐怖症はありませんか？〉

カナト　〈全然大丈夫ですよ‼　むしろ高いところ好きですよ♪〉

感じのよい返信！　さて、悟ってくれるのか、観覧車プロポーズを。
敢えて私は「観覧車でプロポーズしてほしい」というディレクションはしないことにした。そこは〝彼氏〟のセンスに任せてみようと思ったからだ。

私　〈よかった♪　楽しみです♪〉

カナト〈プロポーズ、人生初体験なので緊張するけど楽しみです♪〉

私〈なんだかすみません汗。超楽しみにしてまーす♡　では、桜木町駅の改札前にてよろしくお願いします♪〉

カナト〈はい、僕も楽しみにしてます♪〉

メールを閉じて、カナトからの受信をサイレントモードに設定した後、「マジかぁ～私」とだらしなくニヤケた顔で、小さくガッツポーズをした。

デート当日

朝から落ち着かない。

〝今日の彼氏〟は私より6歳年下だ。洋服をどうしようかと、待ち合わせの夜までには時間がまだまだあるのにすでに緊張している。

性感マッサージの時より、洋服や化粧に気を使う感じがした。なにしろ、服を着たまま今日は過ごすし、〝プロポーズの日〟という特別設定をしてしまったからだ。

黒の洋服はビシッと強く見えすぎてしまうし、「みーちゃん」という、私的にチャーミングなキャラになりきれるように、柔らかい色がいいなと、無難に明るめのベージュのワンピースにジージャン、ベージュのヒールにした。バッグは、待ち合わせの際に目印になるように、ビタミンカラーの真っ赤なポシェット。

「今日は〝彼氏〟が私を全てリードする」というストーリーに勝手に決めていた。アトラクションに乗るたびに、いちいち私がお金を払ってはなんとなく〝なりきれない〟感じがしたので、本日の支払い分1万4000円に加え、アトラクション二人分の金額、途中で買う飲み物とかを考えて、ひとまず2万円をポチ袋に入れ、待ち合わせの際に先に渡して、予算内でデートしてもらうことにした。

180センチの西島秀俊似が登場

桜木町駅に向かう電車の中で、窓ガラスに映る自分の姿が妙に気になる。ほうれい線が出てないか、疲れた顔でないか、パンティが食い込んでスカートに浮き出ていないか、口紅がはみ出してないか、待ち合わせで〝彼氏〟に会った瞬間の笑顔のシミュレーション……。

性感サービスの時もそうだったけれど、普段気にもしなくなっていた自分の容姿が、妙に気になる。「見られる意識が美しくさせる」とはこういうことなのだろう。

少し早めに桜木町駅に到着したので、先に化粧室を済ませ、最後の自分の顔面チェックをし、改札前の分かりやすい場所を見つけて待つことにした。

柱にもたれかかり、洋服の色と目印のバッグ、髪型をメールする。

遠くから長身小顔のイケメン風が歩いて来るたびに、ドキドキする。動悸《どうき》なのかドキドキなのか途中混乱しながら待つ時間は、とても長く感じた。

あまりキョロキョロしてても恥ずかしいし、なんとなくうつむいて下の方を見ていると、白いスニーカーが近づいてきた。

「みーちゃんですか？」と、頭の上の方から声がした。

声のする方にゆっくり顔を上げると、180センチ長身の西島秀俊似のイケメンが優しい笑顔で私を見ている。くるぶしまでのパンツに黒のジャケットをさらっと着こなし、スマートなファッションだ。

「あ、はい。カナトさん？　よろしくお願いします」

「お待たせしてしまってすみませんでした。寒くなかったですか？」

「うん。ちょっとだけ。でも大丈夫です。今日は変なリクエストしちゃってごめんね。でも遊園地、楽しみです」

バッグからポチ袋を取り出し、

「先に渡しちゃってていいですか？　2万円入っているので、今日の支払い分と遊園地の乗り物代、この中でやりくりしてもらえると嬉しいです」

「分かりました。全然大丈夫ですよ！　ありがとうございます。僕も楽しみです！

みなとみらいなんて、もう10年ぶりとかかも！　なんか新鮮で嬉しいです」

ずっと手を繋いだまま

みなとみらいの遊園地へ歩きながら私たちは、簡単な会話を始めた。

「あ、あの、敬語はやめない？」

「うん。そうだね」

「みーちゃん、手繋いでいい？」

「うん」

私は右手を差し出し、カナトはそっとその手を握った。

大きくて柔らかくて、超あったかい手……。

「みーちゃん、冷たくなっちゃってるね。待たせちゃったから寒くなっちゃったね。ごめんね」

「カナトくんの手、あったかいね」

冷えているはずの手が、緊張のせいで汗ばんでしまう。


この日、〝観覧車でプロポーズ〟ということの他に、もう一つ敢えてディレクションしなかったことがある。

それは、「彼氏になりきって」ほしいということだった。

プロポーズという流れをつくるために、本当ははじめからなりきって二人で過ごすのも面白いと思ったけれど、〝彼氏〟がどんな人なのか、素のカナトに興味をもったからだった。

「どの辺に住んでるの?」とか、「趣味は何?」とか、「好きな音楽は?」「昼間はどんな仕事してるの?」など、少しずつ緊張を解きほぐすかのように、お互いの色々を話しながら、あっという間に遊園地に到着した。

遊園地にどんな乗り物があるのか分からなかったので、一緒に園内マップを見て、絶叫系や目が回る系が苦手な私の乗れそうな、ゆるい乗り物にいくつか乗った。

乗り物へ並ぶ列では、手を繋いだまま、なんとなく向かい合って話をした。

「みーちゃん、お仕事どんなことしてるの？」

「うん。女性の悩みを聞くような仕事だよ。ある意味同業かもね（笑）」

「へ～。いつからやってるの？」

「大学卒業してすぐくらいだよ。1年勤めて、その後すぐフリーになったんだよね」

「へ～！　若かったのにみーちゃんすごいね！」

「すごいことなんかないよ。当時はすごく不景気で氷河期だったから、選択肢がなかっただけだよ。今みたいに派遣とかもなかったし、大卒って学歴がかえって邪魔して企業からは嫌われたんだよ。大卒には給料高めってのが当時の世の中の風習だったからね」

「へ～。みーちゃん苦労したんだね。偉いね。みーちゃん」

と言って、カナトは私の頭を4回撫でた。

そんなことをされるのに慣れない私は、周りの若いカップルに囲まれる中で、急に恥ずかしくなって、またうつむいてしまった。

そんなやり取りをしながら、「みーちゃん」という人格と、カナトの気取らない自然な空気感にも馴染んできた。

乗り物に並ぶ列でも無言になることなく、こちらが気を使うようなこともない。

乗り物から降りた後に、自然とすっと手を伸ばして、繋ぎ直していた。

観覧車の中で

時間が過ぎるのが早い。あっという間に40分が経ち、いよいよ観覧車へ向かうことにした。

観覧車前で、ひとり勝手に緊張が高まる。「記念写真撮りますねー！」と園のスタッフさんに声をかけられ、慌てて二人で断った時には、園のスタッフさんも不可解な顔をしていた。

観覧車に乗るまでの列に並ぶ時間も、お互いのことを色々話した。

カナトは〝人気の彼氏〟だけれど、そんなに器用そうな感じではない。

もう1年近くこの仕事をしているそうだけれど、「女性に免疫がバリバリある」という雰囲気はまるでない自然体だ。

男兄弟で育った末っ子って感じだなぁと思って、兄弟がいるか聞いてみたら的中した。

「女性に慣れてない感じって伝わっちゃった？　女心が分からなくて過去にもプライベートで失敗しちゃったことたくさんあって、少女漫画とか、『テラスハウス』とか、色々観て勉強してるんだけど、俺そもそも女性に対してのセンスがそんなないんだと思うんだよね（苦笑）。だから一生懸命でも上手に伝わらないことが多いみたいで。この仕事して、女性について勉強になることたくさんあるんだ（ハニカミ笑顔）」

「へぇー。でもあまりこなれてない感じが逆に好感もてる場合もあるからいいんじゃない？　チャラ男とかはあまり皆さん求めないんじゃないかな」

「みーちゃん優しいね。そう言ってくれると嬉しいよ。勉強ばっかりしてきたから頭でっかちなんだよね俺」

カナトは、名門大学を卒業の後、大手企業に勤務する現役サラリーマンだという。

そんな会話をしながらいよいよ観覧車へ乗り込む。

先に私が促されて乗り込み、後からカナトが入る。

カナトは向かい側ではなく、私の真横に並ぶように座った。

横浜の夜景が目の前に現れる。上昇するにつれて、今か今かとドキドキし始める私。動揺しながらも、「わぁーほら高いねー」「ランドタワー大きいねー」とか、「夜景綺麗だねー」とかたわいもない話から、会話が弾む。

会話が弾むにつれて、私は半分取材モードにスイッチが入ってしまい、「大変なことってどんな時？」とか、「どんな悩みを聞いてあげることが多いの？」なんてあれやこれやと質問しまくってしまった。

そして、気がつけばテッペンを通り過ぎてるではないか‼　バカ私！　大馬鹿‼

カナトよ、話をしていたとしても、観覧車のテッペンに来たら私の口を封じてプロポーズしてくれてもよかったんじゃないか⁉　なんて、ひとり心の葛藤が始まった。

結局、観覧車プロポーズを逃してしまった。こういう時に職業病が出てしまって、ものすごく後悔してしまった。

気がつけばタイムオーバー？

この日は、はじめの一時間は遊園地で遊んで、後半は近くの眺めのいいバーで軽く飲むことにしていた。ラストチャンスは、このバーになるだろう。

観覧車も乗り終え、海風が増して一気に寒くなったので、移動することにした。

バーでは夜景を眺めながらのカップルシートに座った。

はじめはテーブル席に通されたけれど、向かい合うテーブルよりも隣同士の方が話しやすいし、プロポーズしやすいだろうという私からの配慮だった。

私は普段飲まないような可愛らしいカクテル、カナトはビールをオーダーして、気だるく流れるジャズを聞きながら、学生時代の話とか、仕事の話とか、お互いのたわいもない話がまた続く。

私はまだかまだかと、あまり会話が耳に入ってこなかった。

むしろずっとドキドキしていた。ドキドキしすぎて、お酒ばかりすすんでしまった。

カナトは料理がくればちゃんと取り分けをしてくれる。特にベタベタしてくるわけではないけれど、なんとなく自然なカップルみたいな雰囲気ではある。

ここでまた、1時間くらい話をしていた。

だけど、一向にプロポーズの空気にならない。

というか、話をしていると、カナトがいかに真面目で誠実な青年であるか伝わってきて、こんな青年に無理を言ってしまったと、やや反省するような気持ちにすらなってきた。

そして、気がつけば2時間コースのタイムオーバー。

内心、「お金払ったのになんだよチェッ」という気持ちになったけど、「まぁいいや、仕方ないって思おう」と、もうすっかりプロポーズの件は諦めてしまった。

「もう一つのリクエスト、まだでしょ」

「もう2時間経っちゃったね。まだ飲み物あるけど、もう時間だからあとは自由にしてね。私はこれ飲んでから帰るね」

「時間は大丈夫だよ。もっとお話ししたいから一緒にいよ」

カナトの言葉に、どこかホッとした気持ちになった。

でも、また普通のたわいもない話に結局戻ってしまい、お店のラストオーダーも終わり、いよいよ会計の時間になってしまった。

(タイムオーバー後は仕事の時間じゃないし期待した方がバカか。でも事前にメールで快諾してくれたのに……)とやや不満な私。

化粧室へ立ったついでに会計を済ませ、「じゃ、行こうか」と私から帰ろうと促し、お店を出た。


外は冷たい風が吹いていた。

ガタガタと私のカラダが震えだすと、カナトはまた温かい大きな手で温めてくれた。

「みーちゃん、もう一つのリクエスト、まだでしょ」

とカナトから切り出してきた。

「みーちゃん、ちょっと歩こう」と、私の手をグイッと引き、歩きだした。

「みーちゃん、俺ね、正直に言うと、告白ってしたことないんだ。だからすごく緊張する。ていうか、本当に緊張してるんだ今」

「無理なお願いしちゃってごめんね。こんな客いないよね、なんか可哀想になってきた（苦笑）」

「ううん。なんでも言ってほしいから大丈夫だよ。俺、人生ではじめてのプロポーズだよ今日。……あぁ緊張する」

さっきまで「チェッ」と思っていたけれど、「緊張する」と言いながら何度も何度も大きく深呼吸するカナトが可愛く見えてきた。

そして、少し人通りの少なくなった花壇の前で立ち止まり、向かい合った。

閉園した遊園地のネオンだけが私たちを照らしている。

リアル『テラハ』体験

『あいのり』や『テラスハウス』などで、「いよいよ告白のシーン」というような、絵に描いたような状況に、今私はいる。

カナトはまだモジモジと何度も深呼吸を繰り返している。私はただそんなカナトの手を握り、微笑んで見守るだけだった。

そして、カナトは私の両手をギューッと強く握りなおして、私の目を真っ直《す》ぐに見て口を開いた。

「みーちゃん、そんな綺麗な顔で見つめられると、余計に緊張するよ」

また大きく一つ深呼吸してカナトはまた話し始めた。

「みーちゃん、今日は本当に楽しかったよ。みーちゃんと、ほんの数時間だけど、いろんなことたくさん話して、みーちゃんは普段からすごく頑張ってるって知れたし、みーちゃんはすごく魅力のある女性だと本当に思ったよ。

しかも、すごくチャーミングで可愛いところもたくさん知れて、もっと一緒にいたいって思った。

みーちゃん……だから、俺……みーちゃんのこと一生大切にしたい……俺と結婚してください！」


ドッキーーーン‼

さすがパワーワードのオンパレード‼

冷たい海風も手伝って、私はなんだか涙目になっていた。

もはや私の顔面は正気を失って、超デカイ笑顔でカナトの首に抱きつき、そしてそのまま、しばらく抱き合った。

ライトアップされた遊園地をバックに、帰宅途中の足並みすらも気にならなくなっていた。

脳内BGMは、山下達郎の『FOREVER MINE』。

腕を解こうとした時に、顔を寄せ合い数分間の優しいキス……。カナトはスローなキスをしながら私の背中を優しくさすっていた。

カナトの唇は、手と同じくらい柔らかくて温かかった。なんだか久々に気持ちのいいキスをしたと思った。

魔法の時間が過ぎ去って、お互い顔を見合わせて爆笑した。

「超緊張したーー‼　はぁーー‼　まだドキドキしてる俺‼　もうっ慣れないことさせないでよーー‼」

「あははは！　無理言ってごめんね！　でも思った以上に嬉しかった‼　なんか私まで超緊張した！　でも将来の練習にはなったでしょ？（笑）」

私は「プロポーズデート」というシチュエーションから、すでに付き合ってる体《てい》でのストーリーで、台本にありそうなプロポーズがくるのかと勝手に思い込んでいたけれど、カナトが選択したのは、実際に今日会って、少ない時間で知り得た「私自身」に対してのプロポーズだったことにとても感銘を受けた。

そうか。「ひとりの人として向き合う」――これがホスピタリティなんだな、ととても感動したのだった。

観覧車でもったいぶられ、夜景を前にしたバーでももったいぶられて、餌《えさ》を前におすわり待て状態だったから、なおさらサプライズ感があって嬉しかった。

何よりも、カナトのモジモジ感とか、緊張している様子が妙にリアリティがあって、想像していた以上に〝そのシーン〟にのめりこめて、リアルに嬉しかった！

普段男勝りな私ですら、一瞬〝乙女〟の顔をしていたと思う。

ミッションをクリアしてリラックスした二人は、また手を繋いで駅へと向かった。

もう時計は23時を指していた。

カナトから追加料金の請求もなく、「きちんとリクエストに応えるまでが仕事だ」というプロ意識が見えた。

帰りの電車はお互い反対方向だったので、私が先に乗りホームで見送ってもらった。

電車が発車して三駅ほど過ぎた頃に、カナトからメールが来た。

カナト〈みーちゃん、今日は本当に楽しかった！　ああいうとこビシッと決める男になりたい。またリベンジさせてー！

みーちゃんの潤んだ瞳が可愛すぎたよ。

今日はいい夢見れそう。

気をつけて帰るんだよ♡〉

帰りのフォローアップまで、パワーワードを並べてきちんと行き届いている。

遊園地のどんなアトラクションより躍動感ある面白いアトラクションだった。

プロポーズデート作戦、成功！

さすがにこのようなオーダーをする客はほとんどいないようだけれど、ぜひ体験してみてほしい〝アトラクション〟である。

後日、ある〝彼氏〟に取材させていただいた際、「実は先日、プロポーズをリクエストしたんですよね」と話したところ、

「へ～、面白いですねそれ。僕なら４℃とかでガチのダイヤの指輪買っていきますね」

と思いもしない返事をされ仰天した。

センスもその〝彼氏〟それぞれなんですね。

注意したいこと

今回の私のような特殊なオーダーの場合、事前に本人に相談、または、運営会社に予約する際に、「そういったオーダーに応えてくれる方をお願いします」と相談した方がよいかもしれません。

それから、お友達との飲みの席に彼氏として呼びたい場合などは、あらかじめ本人の了承が必要なので必ず確認すること。「複数」での利用は基本的にNGだそうです。〝彼氏〟たちは基本的に、「女性が嫌がることはしない」ので、かえってはっきりNGなことや、「はじめから彼氏の体《てい》で来てほしいです」や、こんな感じのデートがしたいと明確にしておいた方がスムーズです。

そして面と向かってなかなか男性に言いにくいという方も多いので、ぜひ〝彼氏〟と会う前に、ある程度のリクエストはしておくことをオススメします。

3【ホストクラブ】

・検索の仕方……「ホストクラブ　歌舞伎町」など場所を絞って。

・利用できる人……女性並びに男性同伴可。

・相場と費用……お店や場所によって大きく差があるが、シャンパンを入れたりホストたちに過剰に飲ませたりしない限り、2時間総額で2万円〜3万円ほど。

・サービス内容……お酒を飲みながら、ホストたちからの面白おかしいトーク。指名するホストがいれば、まったりとした時間。

女性向けサービスの元祖

これは言わずと知れた大定番ではないだろうか。ただ、素人の私の勝手なイメージからすると、「男を買う」というよりは、「男に貢ぐ」というイメージの方が先行する。私はお酒がさほど飲めるわけでもなく、更には、〝嘘で固められた口説き文句〟に絶対イラッとしてしまうのが想像ついてしまう、ひねくれ者だ。

ホストはたぶん嫌いだなぁ……と思って興味ももたなかったのだけれど、今回女性たちへの様々なサービスを取材していく中、〝元祖女性向けサービス〟としてホストクラブを無視するわけにはいかなかった。

ならば、元祖ホストクラブといわれる、歌舞伎町の言わずと知れたあの店だろう。そう思って意を決した。

ややこしい料金システム

しかし、実際ホストクラブのサイトを見ていると、そのギラツキ具合にひよってしまった。

一人で行く勇気はなかったため、バー経営をする女友達に付き合ってもらうようお願いしたところ、なんと彼女の友人がそのホストクラブで働いているというではないか！

「ホストクラブ」と聞くと、「派手な女性がバンバン帯付きの札束をテーブルに積み上げ、他の客と競う」といったバブリーなイメージしかなく、相場もよく分からないので、彼女を介してその友人のホストさんにざっくばらんに聞いてもらった。すると、

「セット料金5000円の他に、生バンドが入っているのでバンドチャージ、ボトルチャージ、テーブルチャージに指名料、その他サービス料35パーセントに消費税8パーセント」

と、いろんなサービスチャージがてんこ盛りで、聞いていてもよく分からない料金システムだった（苦笑）。

何度も足を運ぶこともないだろうし、せっかくならシャンパンコールは経験してみたいと思い、

「2時間くらいで、そんなに高くないシャンパンを入れて、2名で10万円」

という予算で可能かうかがったところ、「余裕です」というお返事だったので、そ

れでお願いすることにした。

ちなみに、シャンパンタワーは安くていくらからなのか聞いてみたところ「60万円から」とのこと。

10万円以内で、あわよくば泡浴しようなんて考えた私が馬鹿だった。せいぜい私ができるのは、瓶ビールタワーぐらいなもんだ。

歌舞伎町で「伝説のキャバ嬢」なんて方がいらっしゃるキャバクラでは、一日で1億円近くのシャンパンタワーが出ることもあるそうな。もはや値段は不動産のタワー。まだまだバブル景気な方もいるものだ。

歌舞伎町のすごいところは、日曜も営業しているということだ。

普通水商売と聞くと、平日のみの営業で土日は休みというイメージだったが、ホストクラブの場合、同業のホステスたちも通うので土日は営業するという。

バー経営をする友人は土日休みのため、お互いのスケジュールを調整し、日曜に行くことにした。せっかくなので、友人の知人であるスーパーイケメンホストのケイスケさん（仮名）を同伴に誘い、19時に新宿で待ち合わせをし、三人で食事を済ませてからお店に行くことにした。

この日私はカウンセリングの仕事が夕方にも入っていたため、友人とケイスケさんに先に食事をしてもらってそこへ合流することに。

仕事を終えた私は、新宿駅で下車し、小走りで二人が待つレストランへ向かった。

お店へ着くと、店員の案内もいらないほど、二人は美男美女のオーラを発しながら飲んでいた。

席に着くなり友人にケイスケさんを紹介してもらい、私は、ケイスケさんのきりっと歌舞伎役者のようなその美しい（というか、もはや眩しい）顔立ちに目を奪われた。周りの席の女性たちもやや気にするそぶりを見せている。さすがは歌舞伎町のホスト！

ケイスケさんに、事前にいただいていた料金情報の件にお礼を告げ、乾杯と同時に私の弾丸のような質問タイムが始まった。

「ケイスケさん、お若く見えますがおいくつなんですか？　このお仕事はもう長いんですか？」

「僕35歳ですよ。実はホスト歴はそんなに長くないんですよ。1年経つか経たないかくらいかなぁ……。普段はバーテンダーもやっていて、ホストは週に数日程度なんです」

「へ～。夜の掛け持ちってのもあるんですね。また違った環境でしょうね。ホストのお仕事ってどうですか？」

「もちろん、楽な仕事ではないですけど楽しんでやってますよ。今は路上でキャッチもできないから、新規のお客様を摑むのはみんな苦労している感じですね。でもうちのお店は割と良心的なのでリピートしてくださる方が多いですね」

「へ～。どんな時、一番大変だって感じるんですか？」

「やっぱり、『付き合おう』ってやつですかね。ある意味色恋で商売しているので、断るとか断らないとかの話でもないし、うまくやってのけるしかないですよね（苦笑）」

「なるほど～。お仕事ですもんね～。ストーカーとかなられても怖いですよね（苦笑）」

こんな会話のやり取りをしているうちに、あっという間に20時半になっていた。

入店しなければいけない時間ギリギリになってしまったので慌てて会計を済ませ、足早に歌舞伎町のネオンの中へ向かった。

歌舞伎町はギラギラと眩しく、観光客の外国人や、いかにも裏世界の男たち、飲み歩く女性たちで道がふさがっていた。

人混みを縫うようにして、ようやくケイスケさんの働くホストクラブへ到着した。

「姫たち、お飲み物は?」

入店するなりギラギラの店内が迎えてくれる。アプローチスペースもギラギラで、バブル期の余韻が残る雰囲気だ。

アプローチを抜け、受付でＩＤ提示を求められたので(20歳未満は入店お断りのルールのため、初回に限り身分証明が必要とのこと)運転免許証を提示し、上着を預かってもらった。ケイスケさんは自分の準備のため、一旦私たちから離れた。

ボーイさんにテーブルへ案内される。広々とした店内は１００席くらいはあるだろうか。

もうすでに何組かの女性客が席にいる。席に座るなり、見るからにベテランホスト

が通りがかりに、

「いらっしゃい～！　姫たち、お飲み物はどうしますか？」

とスッと席に座ってくれた。

私たちは、焼酎の紅茶割のセットをオーダーし、小さな上品なグラスにお酒をつくってもらった。

「あら～お綺麗なお二人にお酒つくれて幸せだわ～。余計にマドラーまわしちゃうから～」

などとギャグをかませながら笑わせてくれる。

そのベテランホストの昭和のトレンディ俳優といった雰囲気と、インパクト大のギラギラスパンコールのジャケットに目を奪われ、

「どこでそういう洋服買うんですか？」

「ベテラン感が半端ないですけど、もうこのお仕事長いんですか？」

「このお店もう何年営業しているんですか？」

「日曜なのに結構お客様いらっしゃるんですね！」

とか、急に興味が湧いてきて、バシバシと質問を投げかけてしまった。

この方はもう40年ホスト一本で生きているという。風格もそうだけど、その安定感のある雰囲気とトークにすっかり楽しくなってきてしまった。

「私たち、今日ホストクラブデビューなんです！　初体験です！」

と言うと、

「じゃ渡してもいいのかな？」

と言って、ホストが私に名刺を差し出してきた。私のような新規客には、15分に一人ペースで次々にホストがあいさつに来る。

年齢幅もキャラもみんな個性的だが、名刺の個性もすごい。強面なのに名刺がチュ―リップだったり、「ミンティア」のパッケージを名刺代わりにしていたりと、差別化を図るような工夫が施されている。

このお店では、在籍ホスト１００名ほどで、毎日50名ほどが出勤するという。ほとんどのホストが本職は別にあり、週2〜3日のペースでホストのバイトをしているようだ。

年齢も20歳から推測還暦世代まで幅広く、お笑い系キャラから、しっとり二枚目ダンディ系、ふにゃっとした笑顔が可愛い癒やし系と色々だ。

タッチパネルでホストが選べる

タッチパネルで100名ほどのホスト一覧を見せられた。

みんな謎に眉毛がビシッと細く、毛は短くカットされている。一つ間違えれば田舎のヤンキーのようだけれど、これはホストの象徴なのだろうか。

パネルには、トレンディ俳優系のイケメンから、ジャニーズ系イケメン、謎に日本刀を持って決めポーズをとるヤクザの親分系、ガングロサーファー系と、色とりどりのイケメンが並んでいる。

タッチパネルをスライドさせながら、「どれが好みか、どんな人が好みか」と聞かれたが、ホストが多すぎてもはやよく分からなかった。

私は二枚目より三枚目の面白い人の方がリラックスして楽しめそうだと思ったので、その旨を伝え、顔に関しては、「強いて言うならばラテン系」とリクエストした。

「永久指名」という鉄のルール

ホストのリクエストなど友人には質問なく、私にしか名刺を差し出さないことに違和感を覚え、「なんで彼女（私の友人）には名刺渡さないの？」と聞いたところ、「彼女にはケイスケがいるじゃん～！」と返ってきた。

私のような、〝フリー客〟にしか名刺は差し出さないという。

更には、ホストの指名をしない〝フリー〟は、来店初日のみで、次回以降は誰かホストを指名しなければならず、更には一度ホストを決めたら永久指名だというのだ。

「え～～！　私みたいに決められない人とか、気の多い人にはちょっと厳しいね～（苦笑）。どうしてフリー客はダメなの？」

と聞いてみたところ、

「ホスト同士で、お客の取った取られたの揉め事になっちゃうんです」と。

「え～。殴り合いとかもなっちゃうわけ？」

「時々ありますよ（苦笑）」と。

その日の気分でこの人と飲みたいとか、このホストと話したいといった、気の多い客にはやや厄介なルールだなと思った。

くそ楽しかったシャンパンコール

シャンパンタワーが無理ならシャンパンコールだ！　ということで、奮発して4万円のモエ・エ・シャンドンを入れた。

しばらくすると、さっきまで座ってくれていた若手のホストが、「テーブルとあっち、どっちがいいですか？」と質問に来た。

「あっちって何？　なんの質問？」

「シャンパンコール、このままテーブルでもできるし、向こうのダンスホールでも席ご用意してできますよ」

「それだったら、あっちでお願いしようかな」と答え、またグラスを傾けた。

しばらくすると、座っていたホストが何人か席を外し、店内のホストたちがざわざわし始めた。

爆音で急に音楽が鳴り始め、友人と私は顔を見合わせた。

そこへさっきのホストが、「ご準備できました〜！」と威勢よく迎えに来た。

席を立つよう促され、ダンスホールへ向かうと、真ん中にチョコンと席が3つだけ並んでいた。

ケイスケさん、友人、私の順番に座り、店内にいるほぼ全員の数十名のホストが、私たちを囲うように集まってきてシャンパンコールが始まった。

こちらに向かってガングロホストが一人マイクを握り、テンポよくしゃべり始めると、それに続いて全員のホストたちがコールする。


「今夜はサイコー（サイコー！）。

ほんとにサイコー（サイコー！）。

祭りだワッショイ（ワッショイ！）。

ワッショイワッショイワッショイ！（ワッショイワッショイワッショイ！）

どうしてそんなに素敵なの？（どうしてどうして素敵なの？）

姫たちに、俺たち全員魂込めてご接待！（ご接待！）」


などと、10分くらい威勢よくコールしてくれた。数十名の色とりどりのイケメンに囲まれ、更には彼らの低い声が何重にも重なり合い、重厚感のある彼らの声が尾てい骨に響いてくる。

やや晒《さら》しもの感があるけれど、店内のホストほぼ全員を集めていると思うとなんとも贅沢な時間だ。

ホストの皆さんの勢いがよすぎて、今思い出そうとしてもはっきり思い出せないのだけれど、ひとつも噛むことなく素晴らしい言葉遊びと息のピッタリ合った大きなコールを目の前に、酉《とり》の市で熊手を買った時に商売繁昌を祈ってくれるあのコールが頭をよぎったが、その100倍くらい、勢いとノリとエンターテイメント感が素晴らしく、感動してしまった。

最後にシャンパンをつがれ一気飲みを促されたけれど、私はこのシャンパンを一気飲みしたら即撃沈してしまうと危機を感じ、真横に立ってコールをしてくれていたあのベテランホストに助けを求め、代わりに一気飲みしてもらった。

正直、気軽な値段ではないけれど、私たちのためだけに集まってくれる贅沢さと、躍動感あふれるお祭り感は一度は体験してほしいなと思ったし、このシャンパンコールのエンターテイメントだけ切り取ったアトラクションがあればいいのにとさえ思った。

まるで、自分たちのためだけにお神輿を担いでくれているような体験で、結果、くそ楽しかった。

帰宅後には、あまりに面白かった余韻から、YouTubeで〝シャンパンコール〟を検索しまくった私なのだった。

シンデレラ気分を味わえる

シャンパンコールが終わり、元いた席に戻る。

周りの客席を見回すと、日曜なのに広々とした店内はほぼ満席。

来ている客層をさりげなく見てみると、20代から50代くらいとお客の年齢幅は広く、驚くほどに「普通」の女性たちだ。

派手な女性が、「他の客に負けたくない〜！」なんて競ってシャンパンタワーやコールをするイメージでいたが、意外すぎるほど普通だった。

席に戻ると、私がリクエストしていたラテン系ホストが待っていた。

歳は40代半ばといったところだろうか。長身ロン毛の顎髭《あごひげ》で、若かりし頃の渡辺謙を思い出させるイケメンだ。長身だからジャケットもよく似合っている。

顔が濃いのでやや強面だけれど、キャラは完全に三枚目で冗談ばかりかまして笑わせてくれる。

先ほどのベテランホストほど重厚感はないけれど、どう見てもいかにもプロといった感じなので、また色々と質問した。

「今日はじめてホストクラブに来たんだけど、イメージしてたのとちょっと違くてびっくりした。案外来ている皆さん、普通の女性なんですね」

「昔はド派手な飲み方する女性客も確かにいたけど、最近はずっとこんな感じよ。普通に仕事して、何か嫌なことがあった時に来てくれたり、メンタル病みそうな時にリフレッシュしに来るところだからね。それに、うちの店はよっぽどボトル入れたりしない限りそこまでバカ高いわけではないから、どなたでも来やすい店なんだよ」

確かに、会社でひどく腑に落ちないことがあったり、イライラしていたり、誰かに話を聞いてほしい！　というときに、居酒屋で一人酒というのは侘《わび》しい。

独身女性で経済的に余裕のある方や、しばらく恋愛はしたくない！　なんて女性たちには、話を聞いてくれて戯《おど》けてくれるホストにお金を払って飲む方が、爆笑トークで楽しませてくれるし、見た目も綺麗だし、店もギラギラだし、遥かに飲む酒も美味しくリフレッシュできていいかもしれない。

誰かホストを指名し一人で通うようになれば疑似恋愛も楽しめるかもしれないが、はじめて行った印象としては、ノリはオカマバーに近い感じだった。

オカマちゃんのお店と大きく違うのは、ホストクラブというだけあってメンズの見た目のよさと、ホストたちのビシッとしたエスコートで、シンデレラ気分を味わえることだ。

エロさはないけれど、オープンに弾ける楽しさがある。

ナンバーワンの見た目は〝7合目〟

現在のナンバーワンと、過去ナンバーワンが席についてくれた。

はっきり言って失礼な話をしてしまうのだけれど、ぶっちゃけた話、いずれのナンバーワンもさほどの美男子ではなかった。

言ってみれば頂上ではなく7合目な顔立ちだ。ただ、スタイルはよく雰囲気はある。

店内で一番のイケメンだったのは、私たちが同伴したケイスケさん。驚くほどの美しい顔立ちだけれど、真面目すぎる性格と、先輩ホストに気を使ってなのか、トークはイマイチ振るわなかった（苦笑）。

現在ナンバーワンを走るホストは、私を見る目線や、「ネイル可愛いね。僕この指が好き」といってさりげなく私の薬指を触るボディタッチ、「僕ロングヘアの女性苦手なの。ショートヘアの女性が好みなんだ」とか言いながら私のショートヘアを褒めるような、いかにも惚れさせようとするトーク運びのテクニックがすごかった。

見た目7合目でも、トークテクニックはテッペンだった。

誰にも負けたくない、負けまいと頑張れるのは、恵まれたテッペンじゃない容姿だからこそかもしれない。

人は多少のコンプレックスがあった方が、そこをカヴァーしようと頑張るものだし、上り詰めようとする力が湧くものだ。

意外に良心的だった請求金額

この日、私たちは2時間でおいとますることにしたけれど、笑いすぎて、家路につく頃には声がガスガスになっていた。

時間フリーという設定もあるようだけれど、二人でシャンパンコール付きで10万円という予算だったため、2時間で帰ることにした。ダラダラと長くいるような飲み方はしたくないという私たちのポリシーもあった。

請求金額を見ると、4万円のモエシャンとオーダーしたフルーツ盛り合わせ、ケイスケさんとの同伴料を含め、計8万6000円ほどだった。つまり、シャンパンなどのオプションがなければ、1人2万円ほどということになる。

ホストたちへビールも何本かオーダーしていたので、想像していたよりもずっとリーズナブルで驚いた。予算を伝えていたにもかかわらず、きちんと1万円以上のお釣りが返ってくるとは思っていなかった。

決して安くはないけれど、老舗のこのホストクラブは、この良心的な設定で何十年もファンたちから支持されているのかもしれない。

ビジネス接待の場としても

シャンパンコールなど、楽しもうとすればするほど、手軽な金額ではなくなってしまうけれど、すぐに会えて話せるという気軽感はある。

レンタル彼氏や性感マッサージのように出張型ではないので、前もった予約などが必要でない分、突発的な精神的な癒やしを求めるには、行きたい時にお店にすぐ行ける、すぐ目当てのホストに会いに行けるので、ホストクラブは〝駆け込み寺〟としてよいかもしれない。

更には、性感マッサージやレンタル彼氏に自分の身分を明かすのは抵抗があったけれど、ホストクラブでは、「飲食店」という名目上、自分の身分を公にすることに全く抵抗がなかった。何しろ入口でＩＤ提示を求められるくらいだ。

ホストの方々も昼の仕事や、本業に関してオープンに話してくれる。

男性がキャバクラや銀座のクラブでビジネス接待するように、女性を連れてホストクラブでビジネス接待というのも面白いかもしれない。

接待の場合、この〝飲食店〟を利用した場合には、会社の経費でも落とせるのだから。

注意したいこと

今回、４人のホストとＬＩＮＥの交換をしたのだけど、帰宅するまでの時間や、その翌日、各ホストからの会おう会おう攻撃がすごかった。つまりは、営業メッセージだ。

「今日は何してるの？」や「今日は暑いね～」などの日常メッセージももちろんあるけれど、「水曜会おうよ！」とストレートにメッセージをくれたホストもいた。

不慣れな女性だと、「あら、私に会いたいと思ってくれてるんだわ」なんてほろりとなってしまいそうだから注意だ。

これはあくまでも営業で、〝夕方などに外で会えばそのままお店に同伴〟というのが夜の世界の常識だ。「そんなつもりじゃなかったのに」と言っても手遅れなので、あらかじめ心得ておいた方がよい。

〝バーチャル体験〟を敢えて楽しむのが粋な遊び方というもの。ホストたちと本気でお付き合いできるわけではないので、気がつけば湯水のごとく貢いでしまった、なんてことにはならないように何卒ご注意を。

4

【出張ホスト】

・検索の仕方………「出張ホスト」

・利用できる人……女性限定、サイトによっては男性も可。

・相場と費用………1時間5000円～1万円ほど。その他指名料に加え、食事やホテル代などの費用は全額女性客負担。

・サービス内容……食事やショッピングなどのデートの他、自宅やホテルなどへの出張デート、性感マッサージも可。

デートも性感もOK？

「出張ホスト」という単語を目にした時に、全く意味が分からなかった。

ホストクラブのホストが出張してくれる？

自宅に？　リビングで一緒に酒飲むとか？

様々なサイトを見ていると、「出張ホスト」のコンテンツはさほど多くもないし、登録されている〝ホスト〟も少人数だ。

やや信頼できそうなつくり込みをしているサイトを見ると「出張ホスト・レンタル彼氏」とセットでうたっているサイトがいくつかある。

他には、「女性風俗・出張ホスト」とうたっていたり……〝セラピスト〟と〝彼氏〟のどちらにもふり幅があるような、あいまいな印象だ。

私はすでに性感マッサージもレンタル彼氏もホストクラブも経験したので、わざわざ同じようなサービスならば受ける必要がないと思い、先般の「レンタル彼氏」でお世話になったカナトくんに聞いてみた。

「そういえばさ、カナトくんの所属してる会社って、出張ホストとも書いてあったよね？　そのホストって、いわゆるホストクラブのホストとは違うよね？」

「そうだね。サービス内容が違うね。出張ホストは、自宅デートとか、ホテルデートもするよ。だから、エッチなこともすることあるよ。もちろんお客さんによりけりだけど」

「えー！　じゃ性感マッサージと同じだね」

「うん。でもたぶんちょっと違うと思う。俺の知り合いがそっちの仕事してて聞いた話なんだけど、性感マッサージのセラピストって、〝彼氏〟とは言わないでしょ。セラピストじゃん。でも出張ホストはホストというか、やっぱり〝彼氏〟だね」

「うーん。分かるような分からないような……。〝彼氏〟のサービスの延長にエッチなこともするってこと？　でも、セラピストにお任せしてエッチなことを〝してもらう〟のとは違くて、あくまでもリアル彼氏とエッチなことするみたいなイメージ？」

「そうだね。そんな感じかな」

「てことはさ、〝リアル彼氏とエッチなこと〟ふうだから、〝彼氏〟たちは性感セラピストみたいなテクニックはないのかな？『プロは苦手』みたいな女性が、エッチなことには素人のホストっていうか、〝彼氏〟にそういうのをリクエストするってこと？」

「うん、そうかも。俺らは別にマッサージを勉強してるわけでもないし、性感マッサージとなるとたぶん素人だね。だから普通にお客さんとエッチなことしてイチャイチャする感じかなぁ」


そうかそうか。「性感マッサージの方は素人＝リアル彼氏っぽい」ということか。

果たして〝素人〟という表現が正しいのかは分からないけれど、確かに性感マッサージのセラピストは、アロマセラピーの勉強をしているという子が多い。

しかもちゃんと会社から女性講師による性感マッサージ講習があるというところもある。マッサージ師やスポーツインストラクターが副業でしている場合も多い。

出張ホストは、レンタル彼氏と性感マッサージとの境目といった感じだろうか。

出張ホストはレンタル彼氏と違って、「8時間お泊まりコース」もある。これは、〝セラピスト〟と同じ時間のくくりだ。

〝セラピスト〟ははじめから「性感マッサージ」とうたっているので、女性客の目的ははっきりしているけれど、「出張ホスト」という抽象的なニュアンスは、「レンタル彼氏だけど、ちょっとエッチなこともＯＫですよ」ということのようだ。

なので、「性的サービスがない」とはっきりしているレンタル彼氏では物足りない、かといって、「性感サービス」とはっきりしたサービスでは抵抗がある――といった微妙なところで揺らぐ方には、「あってもなくてもいい」という選択の余地がある出張ホストがいいのかもしれない。

注意したいこと

性感マッサージのセラピストは運営会社に性病検査も管理されている場合が多いのに対して、出張ホストはフリーであることが多いようだ。

〝プロポーズ彼氏〟に聞いた時にも、特に会社からの指導はないと言っていたのが気になった。もし、デートした印象がよくてそのままベッドイン……なんて時には、ご自身のカラダにかかわることなので、シビアに気をつけていただきたい。

【各サービスの比較】

女性専用性感マッサージ	
イケメン集中度	★★★★
癒やされ度	★★★★★
愉快度	★★
ドキドキ度	★★★★★
女っぷり上がり度	★★★★★
エロ度	★★★★★
レンタル彼氏	
イケメン集中度	★★★
癒やされ度	★★★½
愉快度	★★
ドキドキ度	★★★★★
女っぷり上がり度	★★★★★
エロ度	★★★
ホストクラブ	
イケメン集中度	★★★½
癒やされ度	★★★½
愉快度	★★★★★
ドキドキ度	★★★
女っぷり上がり度	★★★★
エロ度	★★

不貞行為、性病リスクの回避に

この章の最後に、マッチングサイトの危険性と性病の問題について少し触れておきたいと思います。

実は、私のクライアントで「マッチングサイト」を利用したことがあるという女性はかなりの数にのぼります。

一昔前までは「出会い系」と呼ばれていましたが、最近では「マッチング」と呼ばれるのが主流で、恋愛、婚活の他に、既婚者同士が繋がるマッチングサイトなどもあります。

真面目な交際に発展するケースも耳にしますが、それは全体の5パーセントほどで、残りの95パーセントはその場限りの関係で、特にカジュアルな運営会社のサービスに関して言えば、素人同士ならではの性病や、やり逃げ、モラルに反するややこしいトラブルのリスクは高いように感じます。

「お客さんとの会話で、それとなく聞き出すのが、〝マッチングサイトを利用したことがあるか〟ってことなんです」

と語るのは、性感マッサージのセラピストMさん。

「某マッチングサイトの利用者って、めちゃめちゃ性病多いんですよ。しかも梅毒の場合、すぐに症状が出ないから気がつくのに1年くらいかかるんですよね。これ、うちらの業界では常識で、自分の身を守るためにも、他の女性のお客様に迷惑かけないためにも、けっこう気にするところなんです。会社からも必ず定期的に性病の検査を受けるように指導されてますし、自分は月に一度はチェックするようにしてます。その他にも、毎日イソジンでうがい、抗生物質も毎月飲んで予防していますよ。

本番行為をしないにしても、キスしたり、愛撫はしますから、心配だし最低限のエチケットですね。実際、本番行為しちゃうセラピストもいるみたいだから、余計ほとんどのセラピストはチェックしているはずです」

女性は特にデリケートで、カンジダやクラミジア、膀胱炎に感染しやすいですし、ウイルス感染は子宮頸がんのリスクを高めますから、セックスの前には必ずカップルでシャワーを、そして、コトの後にも、きちんとシャワーを浴びて石鹸で優しく洗い流し、予防に努めることを怠らないようにしてください。

そして、喉《のど》の腫れや皮膚のかゆみなどが出てきた際は、必ず婦人科などで検査するように心がけていただきたいです。自分を守るのは、自分以外いませんから。


その点、性感マッサージの場合は、お金はかかりますが、病気の予防やチェックなどの管理もきちんとしている会社もあります。

その他の身体的なケア、モラル、女性を大切に扱うというところでは、〝プロ〟であるからこそリスクが回避できます。


更に、マッチングサイトなどで知り合った方とうっかり不倫なんていう場合、万が一家族にバレてしまった時には、「浮気」として不貞行為となりますが、プロの場合は、あくまでも「営業」ということで、不貞行為には該当しないので、負い目を感じることなく解放感に浸れるでしょう。

ややこしい関係に発展するリスクや、性病のリスクを鑑みても、やはり安易に無料マッチングサイトに登録するよりは、プロの方が安全だなというのが感想です。

ちなみに、マッチングサイトは、ホストクラブのホストたちの〝ポン引き〟の場にもなっていると聞いて驚きました。路上キャッチが条例で厳しく規制され、マッチングサイトを営業の場としてたどり着いたホストは多いそうです。

第3章
“彼氏”たちのホスピタリティ

人としての質が問われる仕事

「私みたいなおばさんより、スタイル良くて可愛い子がいいんでしょ？　という気持ちでいる女性は多いんです。あとは、たまたま〝質の悪いセラピスト〟に当たってしまって嫌な思いをさせられても、女性ってなぜか自分のせいにしちゃうんですよ。自分の容姿だとか、年齢だとかのせいにして」

そう語るのは、性感サービスの〝彼氏〟です。また、別の〝彼氏〟は、「自分の子どもが欲しいと言われ破局して以来、もう子どもを産める歳ではないので恋愛する資格はない、と言う女性もいました」

身体的なデリケートゾーンに触れるだけでなく、心のデリケートゾーンまでもケアしているのが、この〝彼氏〟たちです。並大抵のホスピタリティでは務まるわけがありません。

こういった女性たちが利用するからこそ、〝彼氏〟の人としての質が問われる仕事です。

〝彼氏〟たちは普段どんなことに気をつけているのか、どんなことを思いながら女性たちと接しているのかうかがってみました。

〝彼氏〟「他人との比較が癖になってしまっている方は、やたらと他の女性客のことを気にされますね。でも他のお客様のことは一切話しません。『ごめんね、そういうことは話せないよ』と優しく返すと、ほとんどの方が『そうだよね』と、どこかほっとした顔をします。〝今目の前にいるあなたに集中させて〟っていう気持ちが伝わるんだと思いますし、他人に自分のことを言われてるかも、という不安もなくなるんだと思います」

私「なるほど。自分のお気に入りの〝彼氏〟が普段どんな女性のところに行っているんだろうって気になるのももちろんだけど、密かに〝彼氏〟の口が軽いかどうかのチェックもしているんですね。確かに、傷ついた経験をしている女性なら警戒しますよね。他に何か心がけていることはありますか？」

〝彼氏〟「〝僕をお金で買った〟ということを忘れさせることを意識します。少なくとも今一緒にいる時間は現実逃避させてあげなきゃという思いもあるし、時間も忘れてほしいという思いで挑んでいます」

私「確かに私自身、施術してもらっている間、〝じょせん金払った男〟という意識は全くありませんでした。〝彼氏〟の皆さんはちゃんとそういうふうに配慮してくださっていたんですね。気がつきませんでしたすみません（苦笑）」

〝彼氏〟「それから、サービスを利用する女性は大概ストレスを抱えていたり、嫌なことがあったりして来ますから、ネガティブな単語や言葉は使わないように気をつけています」

私「それは確かに大事なことですよね。実は私、レンタル彼氏の他に、今回性感サービスを2回利用していて、それぞれ年代の違うセラピストの方にお願いしたんですけど、ひとりの方は21歳の学生さんで、何の話からか、『おばさん』っていう表現をされていて、悪気はなかったにしろ、『おばさん』というフレーズにややイラッとしました（笑）。その方には結局普通の指圧とアロママッサージだけお願いして、いわゆる性感サービスはお願いしませんでしたね（苦笑）。おばさんにもお年頃があるので、そういった配慮が行き届いた〝彼氏〟たちが増えてくれるといいですね。それにしても、心配りが素晴らしいですね。何かご自身も傷ついた経験とかおありなんですか？」

〝彼氏〟「実はこの仕事を始めたきっかけが、婚約者と別れたことだったんです。彼女からの暴言で自分自身も傷つきましたし、傷つける側にはなりたくないなって。僕自身も女性に癒やされたくてこの仕事を始めたというのは否めません（苦笑）」

私「そうだったんですね。辛いことを思い出させてしまいましたね。でもそういう経験も生かせるサービスのような気がします。人の心の痛みを知らない人は人に無関心になるものですが、痛みを知っていると、困っている人に寄り添えるものですもんね」

借金返済や留学のための貯蓄など、金銭目的で働く〝彼氏〟たちは多いと思いますが、恋人との別れや離婚など「傷心」がきっかけでこの仕事に飛び込んだという〝彼氏〟が何人かいました。

痛みを知っているからこそできるサービスもあるのかもしれません。サービスを利用する側も、心に隙間ができてしまった女性ならば、なおさら。

私「どんな悩みを抱えている女性が多いように感じますか？」

〝彼氏〟「オーガズムを経験したことがない女性は、年齢問わず多いですね。でも、イッたことがない、イケないっていう女性の10名のうち9名は、ちゃんとイケますよ。基本的に男の問題です。女性は緊張した状態では絶対イケないんです。だから、ゆっくりカラダもほぐさないといけないし、〝綺麗だよ〟とか、〝すごくセクシーだね〟とか、甘い言葉をかけながら心もほぐしてあげないといけません。ひとりよがりな男が原因なだけですよ。女性を分かろうとしていないダメな男が原因です。でもやっぱり、そのうち1名くらいは、お手上げって方も正直いますけど」

私「それから、お仕事といえどもやっぱり人間なので感情があると思うのですが、正直しんどいなぁ〜と思うお客様はいませんか？」

なんて意地悪い質問もしてみました。

〝彼氏〟「客の好みなんてないですよ。頼ってきてくれる以上、全身全霊頑張るのみです」

スカッとするほど気持ちのよい返事をくれました。

重要なのは「心のケア」

また、別の〝彼氏〟へこんな質問をしてみました。

私「施術や接客したお客様への営業メールもしていると思うんですが、本業の合間とか、プライベートの時間をつぶして、そういったことをするのは大変ではないですか?」

〝彼氏〟「実際、営業メールもしますけど、はっきり言って、営業メールとも言えないようなメール内容です。普通、営業メールっていったら、次はいつ会えるの? とかだと思うんですけど、今日は嫌なことなかった? とか、仕事大丈夫だった? とか、日常のさりげないストレスを聞いてあげるようなメールばかりですね(苦笑)。でも、この方が、きっと何か逃げたくなった時とか利用しやすいと思うんですよ。ゴリゴリに『来てよ！』ではなくて、〝嫌なことがあって逃げたくなったらいつでも逃げておいで〟みたいなスタンスです。

なので、営業メールのようでそうではないような感じです。大変と言われれば大変ですが、あまりにマメに送っているわけではなくて、ふとした時に送る感じですね」

どの〝彼氏〟も、女性客の悪口ひとつ出てこないばかりか、半端じゃない気遣いに感動しっぱなしでした。

中には女性客を「おばさん」呼ばわりする人もいたので全員が全員そうではないかもしれませんが、ほとんどの〝彼氏〟たちのプロ意識は、さすがの一言でした。「男は女を守るもの」という〝彼氏〟たちの女性に対する包容力を強く感じました。

風俗嬢の仕事は「抜くテクニックや興奮させるテクニック」に比重が高いイメージですが、〝彼氏〟の場合、身体的なテクニックだけでなく、「女性の心のケア」に重点を置いています。

女性はメンタリティの充実感が最優先なので、デートコースでラブラブ恋人ごっこをしてからの施術が人気だそうですし、口コミを見ていてもそれは一目瞭然です。

具体的な施術に対するコメントよりも、デートの時に優しく頭を撫でてくれたとか、話をしている途中にキスをしてくれてキュンキュンしたとか、メインディッシュの〝肉〟よりも、うっとりと、ふんわり包み込むメレンゲのような〝前菜〟が、女性には重要なのです。

「大丈夫？」という魔法のフレーズ

「ちゃんと帰れた？　大丈夫？」

「今日寒いけど風邪ひいてない？　大丈夫？」

「無事に出張先に着いた？　大丈夫？」

「疲れてない？　大丈夫？」

「大丈夫？　お仕事無理してない？」

この取材をしている数か月の間、私は人生で一番人に心配されました（笑）。

この「大丈夫？」というフレーズは、ホストクラブのホストたち、レンタル彼氏たち、性感サービスのセラピストたちと、メールでやり取りする中で、必ず出てきたフレーズでした。

子どもの頃から男勝りな性分で、むしろ周りからは「お前なら大丈夫だろう」というポジションでしか生きてきたことのない私にとって、こんなにたくさん人から心配されたのは生まれてはじめての出来事でした。

そんな投げかけに不慣れな私は、「うん！　私は大丈夫だよ！　いたって元気モリモリ！」と可愛げもない返信をしてしまっていたことを今ではとても悔いています。

「か弱い女性」を経験するには絶好のチャンスだったのに……！

彼らからすると、この「大丈夫？」は、お客様への日常の営業メールや営業トークの大定番ということなのでしょう。

つまり、それだけ「気にかけてほしい」と願う女性が多く、この「大丈夫？」が女性たちにとって魔法の言葉になっているということなのです。

誠実さに癒やされる

性感サービスの口コミを見ていても「癒やされました」というフレーズがよく目につきます。「気持ちよかった」ではなく、「癒やされた」なのです。

〝彼氏〟たちは、決して器用にトークを繰り広げるわけではありません。

自分から発信するのではなく、女性の声に耳を傾けるのが得意といった感じです。

それとは逆に、爆笑トークやエスコートがスムーズなのは、やはりホストクラブのホストたちです。

ホストクラブは楽しい、〝彼氏〟たちとの時間は、癒やされる――といった感じでしょうか。

今回、私自身の施術やデートをお願いした〝彼氏〟たち、お話をうかがった〝彼氏〟たちの共通点は、「真面目で誠実」という印象をもったことです。

顔がいいのはタレント業だから当然といえば当然だけれど、そのはにかんだ笑顔や、不器用なりに一生懸命だったり、かと思えば、さらっと見ていないところで洋服が畳んであったりという絶妙な仕草に、「一生懸命で真面目、誠実」と感じるんだなと思います。

いかにも器用な立ち振る舞いで、「遊んでそうなチャラ男」のような不安定さは女性たちにあまり求められていないんだと思いました。

安心感があって、リアリティがある。そういった彼らに、私自身も体験してみて好感をもちました。

日々ストレスを抱えて生活していると、安心できる場所ってなかなかないものなんですね。

コミュニケーションは〝自分の写し鏡〟

「みなさん、優しいです。はじめての仕事の時なんてめちゃめちゃ緊張して会話がぎこちなくなっちゃって（苦笑）。優しくフォローしてくれました」

2ちゃん的なサイトへの妄想書き込み被害も一部ではあるようですが、ほとんどの女性客の皆さんは「優しい」と、〝彼氏〟たちが口々に言っていました。

私も、あの〝プロポーズ彼氏〟にはミッション後に「ビシッと決められなくてごめんね」と何度も謝られましたが、怒る気なんてさらさらありませんし、ずっと言い出せずにいたモジモジがかえって可愛くて癒やされたので、「気にしなくて大丈夫よ。むしろよかったよ」と返すと、「母性の強い人でよかった〜」なんて言われました。

やはり、女性はどこか母性をくすぐられると弱いものですよね（苦笑）。

一生懸命な姿を見て、とてもじゃないけどクレームを言おうなんて気にはなりません。

人は対面している時、無意識に〝鏡〟のようになることがあります。

つまり、コミュニケーションをとっている相手の立ち振る舞いが、自分自身を映し出しているのです。

優しい自分になりたければ優しさをもらわなければなれないし、優しくしてほしければ自分自身も優しくなれ、ということです。

逆を言えば、案外あっという間に人をキレさせることも簡単なのです。

彼らが「女性のお客様はみんな優しい」と言うのは、彼ら自身が女性客を大切に扱っている証拠とも言えますね。

私自身、経験する前までは、嫌な思いをさせられることはないのかなぁ……なんて不安もありましたが、結果、なかったんです。

もちろん、「思った通りではなかった」は人によってはあるかもしれませんが、〝彼氏〟から無理やり何かをされるとか、お金を余計に請求されるとか、〝彼氏〟が不機嫌でこちらが気を使うとかといった故意の嫌がらせのようなものはありませんでした。取材した何人もの女性たちからも、そういった「嫌な思い」をしたエピソードは出てきませんでした。

今の時代、そんなことがあろうものならばすぐにネットに書き込まれてしまいますし、運営業者もセラピストの皆さんも、サービス向上に必死です。

強いて言えば、「おばさん呼ばわり」はややイラッとしたことと、セラピストによっては、新規客を摑むのに必死になりすぎて、リピート客に甘えて「新規の人の予約取りたいからスケジュールずらせない？」と〝彼氏〟から打診されたなんて話はありましたが、それくらいなものです。

とはいえ、こういったサービスが今後増え、セラピストが増員すればするほど管理が行き届かなくなり、ずさんな運営も増える可能性はあるかもしれませんが。

ひとりの人間として接する

今回取材の申し込みの際、全ての〝彼氏〟たちが共通して言っていたのが、「できる範囲のお話はしますが、女性を傷つけるようなことはしたくないので、読んでいて誰かが特定されるような具体的な内容まではお答えできないと思います」ということでした。〝彼氏〟たちの面割れや、利用している女性たちが誰か特定されるような部分にはそもそも触れるつもりはないし、こちら側がその辺を配慮するのは当然のことだけれど、〝彼氏〟たち自身が面割れすることを恐れるのかと思いきや、一番はじめに気にかけたのは、利用する女性たちに関してだったので、これには正直感心しました。

インタビューの最後の質問は、ずばり、「彼氏」という仕事について聞いてみました。

「一言でいえば、身を削る仕事ですね（苦笑）。人のカラダの前に、心を相手にするので、自分自身の心も砕く仕事です。楽ではありませんよ。言えないことはもちろんあるけれど、嘘じゃない自分で接していかなければ、女性たちが心を開きませんから。大変か大変じゃないかと言えば、大変な仕事です。女性たちとの会話の中で、どんなことを求めているのか、どんなことが嫌なのかも推測していかなければならないですから頭もすごく使いますし。

でも、学びも大きいです。ただセックスすればいい、ただ癒やされればいいというものでもないと思うんです。ひとりの女性として扱うというのは当然ですが、やはり、ひとりの人間として接するのが好ましいと常日頃感じます。女とか男とかの前に、ひとりの人間としての尊厳が大切なんです」

第4章
「らしさ」からの卒業

「女らしさ」「男らしさ」ってなんなんだろう？

「何で私だけ赤なの⁉」

小学校入学に合わせてランドセルを買いに行った時に言った私の一言でした。

私には兄がいて、近所も男の子ばかりだったので、小さい時から遊びといったら、稲刈り後の乾いた田んぼで野球、ミニ四駆やガンプラ、キン消し集め、映画と言えばゴジラという男環境で育った私は、なぜ仲間の男の子たちと同じ黒のランドセルではダメなのか理解できませんでした。

リカちゃん人形もバービー人形も触ったこともなく、ショートヘアに真っ赤なほっぺが私のトレードマーク。声も低くて太く、小学校5年生の時のトイレ掃除当番は、男子と一緒に男子トイレ——今考えると、当時の担任が、女子といる私より男子といる私の方が「らしい」と感じてのジャッジだったんだろうと思います。

少なくとも「女らしい」と言われた記憶が一度たりともなく、私はずっと、ほとんど「男の子」でした。

幸い私の両親は共働きで、女性の人権問題、社会的弱者の救済など、当時の社会問題の活動に積極的に取り組んでいたので理解がありましたし、何しろ父に関しては、昭和の当時では超珍しいイクメンで、私の保育園の送り迎え、掃除、洗濯、皿洗いは父の仕事でした。

「嫁は家事の一切をやるのが当たり前。食事は一番最後に食べ始め、一番最初に食べ終わらなければならない。お風呂は誰よりも最後に入らなければならない」という〝嫁奴隷制度〟がまだまだ根強い田舎でしたので、家の庭でシーツをパンパンと干す父の姿は近所から随分笑われたりもしていました。

しかし、〝時代が変わっていく〟と分かっていた両親からしたら、そんなのは気にするに値しないことでした。

そんな両親でしたから、兄のお下がりの秘密戦隊ゴレンジャーの靴を穴があくまで履いて毎日泥まみれになって帰ってくる、男か女かよく分からない娘を楽しみながら育ててくれました。

こうして書いていると、私をトランスジェンダーだと思う方もいらっしゃるかと思いますが、私の性的指向はずっと、異性である男性です。

男尊女卑社会の「洗脳」

女性を見下す無神経な独身男がある日頭を打って気を失い、意識が戻ると男女逆転の世界に――映画『軽い男じゃないのよ』（2018年／エレオノール・プリア監督）で描かれる世界観はとても衝撃的です。

女が上に立ち全てを牛耳る社会で、女に求められるのはキャリアと、ボクシングなどで鍛え上げたパンツスーツの似合う肉体。男に求められるのは、スウェットの似合うプリッとしたお尻に、引き締まったウエスト、ムダ毛のない美肌と愛嬌……男性から見ても女性から見てもとてもインパクトのある話なので、まだの人はぜひ一度観てほしいと思う映画の一つです。

今まで当たり前とされてきたことが、果たしてそれが本当に正しいのか。この時代にマッチしているのだろうか。

私たちは長い間、男尊女卑社会の中で「洗脳」されてきているわけですが、今回のテーマである性的サービスといった従来〝男性だけが利用するもの〟とされてきたものが、女性たちの間で拡大しているということは、いよいよこの閉鎖的な世の中から解放されようという時代になってきている一つの表れなのではないかと感じています。

昭和世代の人たちが、平成生まれの人たちに「女の幸せは結婚して子どもを産むこと」と言ったところで全く響かないのと同じように、時代を追うごとに、あるべき姿や世の中に求められる姿は変わるもので、変わっていかなければいけないと私は思っています。

私自身、今までの社会が求める「美しくて謙虚な女」にはなれたことがないですし、〝男に愛される女の在り方〟のような記事を読んでも全く心に響いてくるものがなく、むしろ男に媚《こ》びるように感じて薄気味悪くすらありました。

もちろん、女性として美しくカラダを鍛えるといった〝女性ならではのもの〟はとても大事だと思っていますが、それは男性や誰かのためではなく、あくまでも自分のためにです。

「こうしなければならない」が苦しさを生む

私とは逆に、「男らしさ」を求められて苦しい思いをしてきた男性もいるのではないでしょうか。

強く、たくましくなんて装ってるだけで苦しくて、本当は料理をしたい、本当はおしゃれなケーキ屋さんでスイーツを食べまくりたい、本当は映画を観て号泣したい、本当は勝気な女の子に甘えて癒やされたいのに、それの何がいけないの？――と。
世の中の、「こうあるべき、こうしなければならない」が苦しさを生むということが多々あるのです。

女がシモの話すんな。（女子のエロトークは結構エグイ（笑））
男がメソメソすんな。（泣きたいでしょ男だって）
女なんだからバカでいろ。（そういう考えの男の方がバカっぽい）
男なんだから賢くいろ。（女だって賢くいろ）
女なんだから男を立てろ。（お互いに尊重しろ）
男なんだから女を泣かすな。（どっちも泣かせんな他人様を）
女だから奢ってもらえる。（女も稼ぐ時代、私は男にも奢る）
男だから威張っていい。（威張る奴は男も女もたいがい人間性が薄っぺらい）

昔から偏屈な私はいちいち下段のように心の中でツッコんでしまうのですが、果たして世の中に求められ、思い込まされてきたような「らしさ」をこうして並べてみると、女だとか男だとかの理由になるような内容は一切なく感じます。

単に「賢い女性に仕事のアドバイスをされた」「プライベートで使えるオススメのお店を紹介された」というだけで「女にマウントされた」と言う男性もいましたが、「女のくせに生意気だ」という根強い教育の恐ろしさを感じるのと同時に、その思考センスの乏しさに、かえって気の毒にすら感じてしまいました。

肉体構造や得意分野での違うところはありますが、ＩＱに男女差はありませんから。

男も偉い。女も偉い。
男だってエロい。女だってエロい。
性は男のものでもあり、女のものでもある。
男だって悩む。女だって悩む。
男も女も賢くあれ。

「〝女性として見てほしい〟という先には、〝ひとりの人間として見てほしい〟という女性たちの思いがあるんです」

と、〝彼氏〟が教えてくれたように、枠にはめられ苦しむ人が多い中、これからの時代は男や女というカテゴリではなく、その人その人の持ち味をお互いに生かせる関係を築けると、それぞれが生きやすく幸せな世の中になるのではないでしょうか。

ＩＱ同様、人としての権利にも男女差はありません。

イタリアでは「女は度胸、男は愛嬌」

「男は度胸、女は愛嬌」と昔はよく言いましたけれど、イタリアは「女は度胸、男は愛嬌」の国です。

しかもイタリアは、「女性の不倫率が世界トップだぞ！　男は女に捨てられるんだ」なんて、嘘か本当か、イタリア人の友人が言っていました。

イタリアと聞くと、男性がプレイボーイのイメージがありますが、実は女性の方がそうだと言うのです。

男性は女性を立て、選ぶ権利は常に女性にあるということらしいです。

あくまでも私が受けた印象ですが、イタリアへ行った際に特に興味深かったのが、女性管理職が多く、レストランのホールスタッフ、更にはCAなど、日本では〝女の仕事〟と言われてきたものはほとんど男性が行っていました。

更には女性は愛嬌なく、朝の通勤ラッシュでもビシッとスーツ姿のエリート女性が目立っていました。

アリタリア航空のCAは女性が少数で、ほとんどが渋くステキなムッシュたちです。男性のCAは目が合うと必ず微笑んでウィンクしてくれますので、イタリアに行く際はぜひ、アリタリア航空をオススメします（笑）。

更には、道を渡ろうと立っていると必ず男性運転手が止まってくれますし、イタリア人と言えば、エリートから物乞いまで、スーツが似合う長身イケメンばかり。

とにかく女性に優しく女性優位の国ですから、「やさぐれたらイタリアへ」と冗談交じりに昔からよく言っていましたが、今回様々なサービスを利用してみて、ついイタリアに思いを馳せました。

お金を払ってよりも、日本も思いやりのある彼氏たち、イタリア男みたいな男性が増えればいいのに……と。

「らしさ」の概念も、ところ変われば随分と違うものですね。

〝オス化〟させられる世の中

最近あるメディアで、「オス化する女たち」というような表現で、「ヒゲが生える」とか「体毛が濃くなる」とか、社会進出してバリバリ仕事する女性をけなすような記事を時々見かけますが、そのような女性がいたとしても決してなりたくてなっているわけではありません。

「女性性を大切に」ということは私が日頃カウンセリングでお話ししていることの一つです。

なぜなら、社会進出している女性たちの中には、男性のように立ち振る舞い、無理に自分を殺している方が多いからです。

そのように無理をしていると無意識にストレスがたまって、自律神経のバランスも崩しますし、本来の自分の持ち味も見失って苦しくなってしまいます。

「男っぽいから女として扱ってもらえない上に、好きな人から『女として見ることができない』と言われて傷ついた」

「男に負けまいと競ってきたけど心身ボロボロ」

「女として自信をなくす。自分がよく分からなくなる」

普段カウンセリングにおいても、そう打ち明ける女性は非常に多いです。

実際、体調を崩す方もたくさんいます。

私自身も独立したての頃は、男社会に負けまいと気張っていましたから、ずいぶんカラダもココロも壊したものです。

まだまだ男性社会の日本ですから、女性は〝男っぽく〟いた方が社内でのコミュニケーションがうまくいく場合が多いですし、世の中を渡っていくのに〝男でいた方が有利〟だと学習してきてしまっている方が多いのです。

社会進出する女性を「オス化する女」と言うならば、それは、世の中がそうさせているのです。

女性性とは「包み込む優しさと強さ」

私も日頃多くの方に「男らしい」と誉め言葉として言われることが多いのですが、女であるのに「女っぽい」がなぜ悪口になってしまうのだろうと昔から不思議でした。

実際、「女狐」「女々《めめ》しい男」「女女《おんなおんな》してるよね」など、「女」が形容詞の言葉は大概けなす表現です。

〝サバサバとして男っぽい女性=自立している〟というように無意識に認知している方が多いのだと思いますが、しかし実際、女性ならではの母性や気配り、細やかなことに気がつける感性を存分に活かした方が、無理に男になろうとするよりもよっぽどスムーズにいくことも多いです。

無理に男になろうとせず、女性性を、自分自身を大切にしていただきたいです。

20代から50代までの男女に、「守りたいと思える人はいるか」というアンケートを実施しているニュース記事を見て驚きました。

なんと、すべての年代において、〝イエス〟と答えている女性が、イエスと答える男性を上回っていたのです。

10年前ならば男性の方が上回っていたであろう内容にとても衝撃を受けました。

「女性活躍社会」「女性が引っ張っていく時代」と言われる昨今、女性もいよいよその気になってきているのだと心強く感じました。

そもそも、「女性性の持ち味ってなんなのだろう？」と考えていた時にこのニュースを見て、女性性とは、「守りたい何かや誰か、愛おしい何かや誰かを包み込む優しさと強さ」、つまり〝母性〟なのではないかと腑に落ちたのです。

幸せってなんだろう？

正直、自問自答しても答えが出せませんが、個人的には「不幸だと感じていない」ということが「幸せ」なのではないかと思っています。

私自身、とりわけすごくいいことがあるわけでもなく、過去に人に騙されたり嫌な思いをしたことがあっても自分を不幸だと感じたことは一度もありませんし、この楽観的な自分の性格を割と気に入っているので、幸せな人生を送っていると日々に感謝することが多いです。

しかし世の中には、親からの虐待や育児放棄、人からの愛情を知らずに育ち、幸福感を一度も味わったことのない人、「自分なんてどうせ……」と卑屈になってしまう人、世の中を疎ましく思ってしまう人など、幸せからは縁遠いと感じながら生活している人は少なくありません。

最近では、「自己肯定感の重要性」が叫ばれる世の中になってきていますが、やはり、幸せだと感じられるようになる第一歩に、「自分自身を受け入れる」ということは欠かせないように思います。

私なんかは普段、前日に多少気にかかることがあっても、翌朝に太陽の光を浴びただけで「あぁ〜幸せ〜」なんてなれる単純なタイプですが、それでも大切な人を突然亡くしたり信頼していた人に裏切られたりなど、とてもショックなことを経験した時は、綺麗な景色を見て「綺麗だなぁ」とか、美味しいものを食べて「あぁ美味しい〜」など、小さな幸せを感じられなくなってしまうものです。

どんな人でも、生きていれば二度や三度くらいそういったことは起こりますし、自信をなくしてしまうことも多々経験するものです。

"言葉"の魔力

性感サービスを利用した女性たちの書き込みを見ていると、「自分を受け入れてくれたことへの感動と感謝」が多くつづられています。そして、「幸せな時間でした」とまで書かれていたりします。

では彼女たちが「自分自身を受け入れてもらえた」や、「心が満たされた、癒やされた」と感じた一番の行為は何だったのでしょうか。

それは、〝彼氏〟たちからの「愛の言葉」です。

「本当に綺麗だよ」

「素敵な女性で嬉しい」

「あなたに釣り合う男になりたい」

……こんな言葉を浴びせてもらった私自身も、心のエキスになりましたから。

第1章の「〝前戯〟をしない男たち」でも触れましたが、女性にとっての前戯は、単にカラダを愛撫するだけではありません。

第3章で〝彼氏〟たちからの話にもあった通り、「まずは言葉で心をほぐさないと」ということなのです。

そう、前戯の一番大切な入口は、「愛の言葉」で、これは幸福感にも繋がるのです。

人は言葉に癒やされる。

そして、言葉に励まされて言葉で幸福になるものです。

これは、〝彼氏〟たちに癒やされる女性たち、そして、〝彼氏〟たち自身が最も大切にしている肝の部分なのです。

目を真っ直ぐ見て「好きだよ」と言われれば、それだけでも満たされ、カラダに触れられずともカラダは温まります。


男性からしたら、「最中の言葉より〝ナニ〟の方が大事なんじゃないのか⁉」「女性は言葉だけで感じるのか⁉」と思うかもしれませんね。

私の友人男性は、過去に、いかにも本能的な無言プレイに終始しすぎて、彼女から指導が入り、ベッドの中でカップルノートなるものを書かされ、訳が分からず怯《ひる》んだと言っていました。女性からの根気のよい教育的指導ですね（笑）。

女性は男性に比べて、「見られている意識」がより強いとよく言います。女性の場合、異性からの見られ方だけでなく、同性からの見られ方もとても気にします。そのために、日頃メイクやファッション、ダイエットに励んでいるわけですから。

周りを気にする、自分の評価を気にするというのは、もしかしたら男性よりも女性の方が強いのかもしれません。つまり、常に意識を張り巡らせて緊張状態にいる女性にとっては、自分を認めてくれる分かりやすい「褒め言葉」というのが、自己承認欲求を満たし、心の鎧を脱ぐのには一番効果的のように感じるのです。

逆に言えば、男性も、「すごいね」「かっこいいね」などと肯定されればされるほど自信がつくし、心が満たされるという経験をしている方は多いと思います。


言葉には魔力があります。

真っ直ぐ目を見る、見つめ合う、口に出さない言葉でもよいでしょう。

そういった心のコミュニケーションをスキップしていきなりボディタッチされたら、「遊ばれてる」とか「どうせカラダだけでしょ」と、女は心に距離を感じてしまい、愛情をキャッチすることはなかなか難しいです。

まずは瞳を見つめて、「すごく好きだよ」があって、ようやくラブコミュニケーションの始まりです。

男女が心を通わせ、幸福感を得るゼロ地点なのです。

幸福とは、つまり感じ方そのものなのです。

人のぬくもり、言葉のぬくもりから幸福感を得るというのは、生きていくうえでとても重要な〝薬〟になりますし、「受け入れてくれる誰か」がいるということで自信を得ることに繋がっていくのです。

愛のカタチに正解はない

愛のカタチとは実に様々です。

トキメキを求めたい。女を取り戻したい。でも家族は傷つけたくない。

店を通して対価を払って男性とデートする場合には、不倫とも浮気ともならないので、両方のリスクを避けることができます。

わがままな裏切り者のように思う人もいるでしょうが、これも家族を傷つけたくないという愛情だと私は思います。

私も、今回の体験談について自ら夫に話をすることはないと思います。

前述しましたが、特に日本の場合、ほとんどがセックスレスな関係になります。

しかし、日本人カップルの大半は、セックスのない愛が成立しています。

経済的な目的か、子はかすがいか、またはカラダの関係はなくなってもパートナーはこの人と決めているのか、理由は様々ですが、一度タッグを組むと簡単には解消しないものです。

私自身の感覚ですが、もう20年以上もパートナーと一緒にいると、浮気は実はたいした裏切りではないように感じるようになりました。

もちろん若い頃はそうではありませんでしたが、今となっては、夫の帰りが遅くても、帰らない日があっても特にとがめることはしませんし、完全なる放任主義で、お互いそれぞれに生活しています。

私たちの中で「何が裏切りになるのか」というと、「どちらかが困った状況に陥った時に逃げること」です。

実際、普段生活リズムの違う我が家では会話する時間もとても少ないのですが、夫が数年前に難病を発症した時には、「経済的に厳しくなっても高額医療を受けて大丈夫だからね」と言えた自分にややホッとしましたし、忙しい時間を縫って積極的に看病をしに病院へ通ったものでした。

とはいえ、普段はほとんど会話もなく、愛の言葉はもちろんありませんし、セックスなんてもう10年以上していないという夫婦と呼べないような生活です。

それでも、いざという時には助け合える関係であり、絶対的な味方でいるんだなと改めて感じたのでした。ちなみに、この頃のことは今でも感謝されています。

あくまでも個人的な感覚ですが、長く一緒にいるともはや男とか女とかではなく、俗に言う〝家族〟になるわけで、男女の恋愛における結束力から、〝お互いの人生を応援する結束力〟に形を変えたのです。

普段から、「愛しているよ」と無数に発する人が、いざという時に逃げ出してしまっては恋愛恐怖症どころが、人間不信に陥るほどの、相当なショックを受けると思います。

もちろん、道徳的に不倫や浮気を正当化するつもりもありません。それにより傷ついている男女もたくさんいるからです。

かといって、私は否定もしません。どうしようもない状況の方々もたくさん見てきているからです。

愛のカタチに正しいも正しくないもありません。

私のような感覚の人もいれば、セックスや愛の言葉がないなんて愛じゃないと言う人もいるし、浮気した時点で愛を放棄したと考える人、様々だと思います。

〝彼氏〟たちと過ごす時間も、対価を払ってだとしても、その時間においてはとても愛情深く接してくれますので、これも彼らからの愛のカタチと言えると私は思います。


つまり、愛とは、その人を思いやれる心なんだと思います。

なによりも、愛情が人を幸せにします。幸せを感じる人が増えれば、他人に優しくなれます。

他人に優しくできる人が増えれば、ストレスを感じる人が少なくなり、光の反射のように幸せの連鎖が生まれます。

ありふれた言葉ですが、やはり、「愛は地球を救う」なのだと思います。

〝彼氏〟たちから学んだこと

女性たちの日頃の不満や、傷ついた心の声を聞く〝彼氏〟たちが共通して言っていたのは、

「世の中の男性が女性を理解しようとしない。女性もどう伝えていいのかが分からないから悩む」

ということでした。

〝彼氏〟たちも元は普通の一般男性。〝彼氏〟という仕事を通して女性たちの悩みに触れ、女性たちのことを学んで、過去の自分のダメさ加減を反省していると話していました。

つまり、「女性が男性にうまく思いを伝えられない」ということが、「世の中の男性が女性を知らない」ということに繋がっているのかもしれません。

日常生活上のことも、セックスに関しても、男性も女性も性別という垣根を越えてお互いに関心をもって接し、性別を超えてお互いのことをもっとよく分かり合える関係性をつくることが大切なんだと、今回〝彼氏〟たちの言動から学びました。

コミュニケーション希薄世代といわれる今の若者が世の中を引っ張っていく頃には、果たしてどのような人間関係を築いて時代をつくっていってくれるのか、不安でもあり、楽しみでもあります。

新たなコミュニケーションのカタチ、新たな女性社会の幕開けの一つの例として、本書を記憶にとどめていただければ幸いです。

それから、しつこいようですが、カラダに関わることでもありますので、もしご利用の際にはシャワーを怠らないということや、幸せを感じていられる範囲でのほどほどの利用を心がけていただきたいです。

〝少しの毒〟は妙薬になりますが、摂りすぎれば身を滅ぼす危険もまたつきものです。

怪しげな笑みのセールスマンから人差し指を向けられて「ドーーーン！」とされないよう、くれぐれもご注意を。

さいごに

「こういうところで働く人間はまともじゃない。利用する人間もまともじゃない」と偏見をもつ方もまだまだ多いだろうと思います。

何をもって「まとも」かという問題は置いておいて、彼ら、彼女らはいたって〝まとも〟です。いたって普通に社会生活を送っている方たちです。

「なるべくならば、このようなサービスを使ってほしくない。だって、このようなサービスを使うということは、少なくとも心が傷つくようなことがあるからじゃないですか。でも、何か辛いこととか悲しいことがあってどうしようもない時とか、孤独で押しつぶされそうな時は、こういうサービスもあるんだと知って、癒やされに来てほしい。とても複雑な気持ちなんです」

という言葉をくれた、ある彼にとても共感しました。

「積極的に利用してください」ということは私の口からも決して言うことはありま

せん。

私自身、プライベートでまたすぐ利用するかと聞かれれば、〝今のところ〟ノーです。

正直ハマりそうで怖いのもあります。でも、長い人生、この先どんなことが待っているのか分かりません。

ある日突然孤独にさいなまれてしまうこともあるかもしれませんし、いよいよ離婚してどうしても次の恋ができなくなることだって可能性としてはあります。

そんな状況に出くわしたら、間違いなく今回のことを思い出して、すぐさま利用すると思います。

私自身も含め、パートナーのいる方で悩みがある、傷つくことがある、という方であれば、できることなら、きちんとお互いのコミュニケーションの中で解決していくのが望ましいですし、シングルの方も、ぜひ積極的に恋に邁進《まいしん》していってもらいたいです。

ただ、実際この世の中、そんなに器用な人たちばかりではありません。

どうしても癒えない傷もあるでしょう。

更には、近年の若者世代で社会問題になっているコミュニケーションの希薄化により、ますますこのような〝コミュニケーションサービス〟を利用する女性、男性が増えるのではないかと感じています。

何しろ最近では、母子セットでバツイチ男性宅などへ出張し、食事をつくって一緒に食べる「レンタル家族」なんてサービスもあるのです。

サービス産業とは、「何か困ったことがビジネスになる」ものですから、今回のこのような女性向けサービスが増加傾向にあるということは、それほど男女のコミュニケーションや日常のストレスに困っている、悩んでいる女性が多いという表れとも言えます。

個として生きる時代、〝女らしさ〟や〝男らしさ〟といったレッテルを一度脱ぎ捨てて、〝ひとりの人間〟として立ち振る舞い、認め合える世の中になっていってくれることを切に願います。

そうすれば、今より少しでも生きやすい世の中になるのではないか、と期待しています。

今回、お話をしてくださった女性の皆さま並びに、ホスピタリティある対応をしてくださった〝彼氏〟の皆さま、そして、私のケアをしてくれた〝彼氏〟たち、勇気を出して告白してくれた友人、『男を買ってみた。』などと、本のタイトルに不安を抱えながらも強引な私に付き合ってくださった駒草出版の皆さまに、心から感謝申し上げます。

鈴木セイ子

[著者紹介]

鈴木セイ子 Seiko Suzuki

明星大学人文学部心理・教育学科卒。在学中より依存症患者の会や不登校問題の会などへボランティアとして参加し、カウンセリング実践をスタート。その後、起業し主に女性のための生活カウンセラーとして17年従事している。また、女性の独立支援や、女性をテーマにした映像プロデューサーなど活動の幅を広げている。

カバー＆本文デザイン・DTP　オフィスアント
カバー撮影　中村光博
編集　杉山茂勲（駒草出版）

男を買ってみた。
～癒やしのメソッド～

2019年9月20日　初版第1刷発行

著　者　鈴木セイ子
発行者　井上弘治
発行所　**駒草出版** 株式会社ダンク出版事業部
〒110-0016　東京都台東区台東1-7-1邦洋秋葉原ビル2階
https://www.komakusa-pub.jp
電話　03-3834-9087
印刷・製本　シナノ印刷株式会社

ISBN978-4-909646-24-8